プロセッコのワイン生産地、バルドビアデーネ村（第２章）

バーリの昔ながらの八百屋（第１章）

バルメッティのサラミ。左上端はビーツを混ぜたこの地方独特のサラミ
（第２章）

十数種もの在来種のトマト
（第３章）

地元野菜や古代小麦をふんだんに使った前菜の皿（第４章）

絶壁の上に家屋が並ぶポリニャーノ・ア・マーレの風景（第4章）

クリスマスの飾り物プレセーペ。キリスト降誕の場面が再現されている
（第4章）

サルデーニャの道路を羊飼いと羊が行き交う（第5章）

ピエモンテの郷土料理・ペペロナータ（おわりに）

ポリニャーノ・ア・マーレのカラーニンジン。
プレシディア認定生産者のもの（第4章）

バーリでしか食べられない
生魚介の盛り皿（第4章）

ズッロを有名にした野草・
ボッラージネのメイン料理（第4章）

中公新書 2853

大石尚子著

イタリア食紀行

南北1200キロの農山漁村と郷土料理

中央公論新社刊

はじめに――食と社会の未来を求めて

世界初・食をテーマにしたミラノ万博

二〇一五年、イタリア経済の中心都市ミラノで万国博覧会が開催された。テーマは「食」。万博のテーマに「食」が取り上げられたのは世界初だった。しかし、世界各国の食材やグルメが一堂に勢ぞろいする、というわけではない。コンセプトは、「Feeding the Planet, Energy for Life（地球に食料を、生命にエネルギーを）」。飢餓や食料安全保障、生物多様性といった人類の存続に関わる重要な課題を人々に問いかけるものだった。あらゆる人々に最も身近な「食」をテーマに掲げて、社会のあらゆる問題にアプローチする、というわけである。

テーマが発表されたのは二〇〇八年。二〇一五年に国連がＳＤＧｓ（持続可能な開発目標）を宣言することを予測していたかのようである。食の問題は、社会の持続可能性を左右する最も重要な政策テーマでもあり、ＳＤＧｓの一七の目標すべてに関連付けられる。そのため、国連や欧州連合（EU）などの国際組織も、ミラノ万博を食料や農業政策について各国間で議論する場と位置付け、参加活動に力を入れていた。

イタリアの食と持続可能性にピンとくる人は、あまりいないかもしれない。同国の食文化の特徴は、土地との結びつきと多様性にある。それぞれの地域の気候・風土・歴史が、その土壌に合った食材を育み、その特性に合った料理法、保存法をあみだし、多様で魅力的な食文化を創ってきた。そこには必ず、大地の美しい風景がなくてはならない。地域のベッレッツァ（Bellezza＝美しさ）を、人々の叡智《えいち》で存続させてきた。イタリアは、食と持続可能性を語るに最もふさわしい国の一つである。

本書の目的はイタリアそれぞれの地域に根ざした食の多様性を描くことにある。したがって、本書で取り上げるのは高級な食材を贅沢に使った都会的な料理よりも、農民たちの土地で採れた食材を使った素朴な料理だ。

日本とイタリアの類似性

イタリアが統一されたのは、一八六一年である。明治維新と同じ頃。それまでは、地方が一つの国として存在する地方都市国家の寄せ集めだった。この歴史が、地域に根ざした強いアイデンティティを育むことにつながった。日本でも、江戸時代には幕府が全国を統治したが、住民は藩の統治を強く意識し、藩に対するアイデンティティがより強かった。食の習慣も同様で、各地に郷土料理がある。

しかし、日本では、一九七〇年代の高度成長期に、食生活が欧米化した。その代償として、地域食が失われた。核家族、共働き家庭が増え、ファストフードやファミリーレストランが普及した。外国産農産物が大量に輸入され、食のグローバル化が進展した。時間をかけて料理をしなくとも、コンビニ食で簡単に食事をまかなえるようになった。親から子へと引き継がれてきた郷土料理も、こうしたライフスタイルの変化から影響を受けている。地方から都市への移住が加速し、都市型生活の中で郷土料理を振る舞い、振る舞われる機会が減った。地域の食文化が子から孫世代に伝わらず、消滅しかかっている。

イタリアも、日本と同じく一九七〇年代の高度成長を経験し、人口減少により農村は衰退している。北イタリアのミラノ、トリノ、ボローニャの三都市を中心に、自動車産業や機械・繊維産業が発達し、労働力が求められた。その労働力の供給源となったのが、都市部から離れた北東部の中山間部や南イタリアなど条件が不利な地域にある農村である。中世からの大地主制度（ラティフォンド）に由来する農村システムが残ったまま、戦後の復興期も産業が発達せず、粗放的農業を脱却することなく、収益の挙がる農業に転換できなかった。そのため、南部、シチリア島とサルデーニャ島、あるいは中部・北部の農村地域からは、大量の若者が北部の都市に流出した。

しかし、農村が衰退の一途をたどって東京一極集中が進む日本と違って、イタリアでは、地方都市の再興が見られる。例えば、一九七〇年代終わりから八〇年代にかけて発達した独自の農村観光アグリツーリズム（農体験ができる農家民泊。アグリツーリズム法で自家製食材や地元産食材を一定割合以上使うことが義務付けられている）に注目したい。トスカーナ州の一貴族が、農村からフィレンツェなどの大都市に人口が流出していくことに抗し、「田舎には田舎ならではの美しさ、豊かさがある」と唱導し、美しい自然とその土地の食を満喫する滞在型観光を提案した。アグリツーリズムの始源である。これを正式に国として推進していくべく、戦略的に地元農家や地主などいろいろな人を巻き込むネットワークが立ち上げられ、ついには一九八五年、アグリツーリズム法まで制定された。

また、同時期に生まれたスローフード運動は、当時、ローマの中心地に進出してきたファストフードに対峙し、地域に根ざした食や伝統料理法を守り、継承しようと、田舎町の小さなサークルが始めた運動である。今や世界一六〇ヵ国以上にまたがる国際NPO団体に成長し、生物多様性の保護や食の主権の回復をミッションとして、EUや国連へのアドボカシー活動（意見や意思の表明や、権利の行使を支援すること）を展開している。EUの二〇五〇年までの食料システム総合戦略「Farm to Fork（農場から食卓まで）」の策定にも関わり、有機農業やアグロエコロジーのコンセプトの導入に貢献した。

このように、一市民、一ローカルグループが、新しい価値を創造して、国家・国際レベルの運動に盛り上げ、農村全体の価値を高めるようなダイナミズムは、日本では見ることができない。

農村が未来を切り拓く

二一世紀に入り、さらにグローバル化が進む。環境破壊や自然災害が頻発し、被害が甚大化している。経済破綻や格差が顕在化し、社会不安が増大している。パンデミックやウクライナ問題は、原材料の多くを輸入に頼る日本の暮らしを揺るがせる。

食料安全保障は喫緊の課題である。日本の二〇二二年の食料自給率はカロリーベースで三八％。材木も、ありあまる森林が存在しながら六〇％を輸入に頼る。暮らしの根本要素である衣食住を、海外に頼らざるを得ない状況である。近い将来、世界では人口爆発による食料危機が心配される。現在、輸入している食料も他国へ流れ、日本に回ってこない可能性がある。実際、すでに小麦粉や飼料などは、巨大なマーケットを持つ大国に買い負けし、日本では品薄状況が続く。日本の農村は衰退の一途だ。農業者は、毎年平均六万人近く減り、一五年前に比べ半分になっている。農業者の平均年齢は六八歳。この状況を打破しなければ、日本の農村、および農業は崩壊する。その時、食料をどこから調達するのか。

日本の国土は、イタリアと同様に森林が多くを占める。国土全体の七〇％が中山間地域で農地全体の四〇％がこの中山間地域にある。起伏が多く、したがって一区画の農地面積が狭い。大規模に工業的な農業をする上で不利な地域である。そのために生産量が確保できず、新市場の開拓も難しい。農業者は十分に稼ぐことができず、離農して都市部へ移住する。親も、子どもに農業を継がせようとは言わなくなった。「農業は儲からず、しんどいだけ」というイメージを子どもに植え付けたのは、戦後の高度成長期当時に生産年齢世代であった大人たちである。特に、大規模化できなかった中山間地域で過疎化が進む。

イタリアも国土の七〇％を条件不利地域が占める。農業者の減少、耕作放棄地の増加といった課題を抱える。しかし、その中で、農業・農村は元気である。若者世代が田園回帰し、オーガニック栽培や伝統農法を復活させて、環境保全・循環型農業を始めている。それが豊かな食文化とつながり、イタリア農業の強みになっている。

ただ、伝統をそのまま継承しても、地域は再生しない。根本的な経済社会の課題解決には、新たな手法や新しい生産物、これまでなかった価値観、創造的な活動を生み出し、社会システムそのものを変革するソーシャル・イノベーション（社会変革）が必要である。伝統をまるごと踏襲するのではなく、伝統の中にある知恵や技を、現代の新たなアイデアやテクノロジーと融合させ、社会、環境、経済の持続可能性を実現する革新を生むことが求められる。

イタリアの食農をめぐる現在に至る活動にはそうした革新性がある。その食文化が魅力的に継承されているのは、それぞれの時代に起きた危機を、その都度、新しい考え方や価値の創造によって乗り越えてきたからである。本書では、そうしたイタリアの食や農のソーシャル・イノベーションを具現する事例を取り上げる。

日本にも、「里山の暮らし」という自然と人が共生する時空があった。自然の循環を活かしながら農業を営む――そのために私たちの祖先は、いろいろな知恵を出し合い、持続可能な暮らしを創り出してきたのである。もし読者が、イタリアの生き生きとした農村の姿を通して、日本の美しい農村、そこにあった暮らしの叡智に再び気づくことができれば、本書の目的が幾分か達成される。

目次

第3章　中央イタリア——ローマ、トスカーナ、ウンブリア州

地図作成／モリソン
図表作成／明昌堂
DTP／今井明子

トレンティーノ=アルト・アディジェ州
ヴァッレ・ダオスタ州
フリウリ=ヴェネツィア・ジュリア州
ロンバルディア州
ヴェネト州
ミラノ
トリノ
ヴェローナ
ヴェネツィア
ピエモンテ州
エミリア=ロマーニャ州
ジェノヴァ
ボローニャ
リグーリア州
フィレンツェ
トスカーナ州
マルケ州
アドリア海
ウンブリア州
アブルッツォ州
ローマ
モリーゼ州
ラツィオ州
プーリア州
バーリ
ナポリ
カンパーニャ州
バジリカータ州
サルデーニャ州
ティレニア海
イオニア海
カラブリア州
パレルモ
シチリア州
カターニア

イタリア食紀行——南北1200キロの農山漁村と郷土料理

第１章

身土不二

――地域に根ざした食の多様性

第1章に登場するおもな食材

ペコリーノ（Pecorino）：羊乳のチーズ。ハード系が多い。牛乳よりも高タンパクで栄養価が高く脂肪分が少ない。牧羊はキリスト教と深い関係があり、その他の畜産業よりも長い歴史がある。人と動物が共生する平和な世界の象徴でもある。

パンチェッタ（Pancetta）：豚バラブロックを塩漬け、熟成・乾燥させたもの。基本的には火を通して食べる。少し入れるだけで旨みを出し、パスタのソースや煮込み料理などに使われる。スパゲッティ・カルボナーラには欠かせない。

ファーベ（Fave）：そら豆。三〜四月が旬。ビタミンや鉄分が豊富で、栄養源として昔からよく食べられた。色やかたちは地域によってさまざまである。白くて大きなシチリア産やプーリア産が有名。ファーベ・エ・チコリエのように、ピューレ状にして出されることも多い。

ファーベ・エ・チコリエ

チコリエ（Cicorie）：チコリのこと。春の野菜。少し苦味がある。南イタリアでは、ファーベ・エ・チコリエに使われるのは、菜っ葉が主流である。北イタリアでは、紫色をしたトレビーゾやラディッキオが有名である。

トレビーゾ（Treviso）：チコリの一種でヴェネト州トレビーゾ地方の土着品種のためこの名で呼ばれる。ミニ白菜のようなかたちで先が紫色をしている。旬の時期には、ゴルゴンゾーラチーズや胡桃をのせてオーブン焼きにするなど、メインディッシュに出される。

チコリエ

ランチは家でマンマの手づくり

日本のビジネス街では、昼時になるとオフィスワーカーで飲食店は一気に満員になる。イタリアでは、馴染みのない光景である。そもそもビジネス街に飲食店がそれほど立ち並んでいない。ミラノのような大都市は別だが、地方都市では、多くはいまだにランチを家に食べに帰る。日本のように二時間かけて通勤してくる人も少なく、職住近接しているからだ。学校も授業は遅いお昼までである。子どもたちは家に帰って食事をとる。そのため、学校の周りの道路は、子どもを迎えにくる親（祖父母のことも多い）の車で渋滞が起きる。イタリアでは、道の混雑が、朝夕の通勤・帰宅ラッシュに昼を加えた三回あるのだ。それほど昼は、家にご飯を食べに帰る人たちが多い。

もちろん、イタリアでもファストフードや中食は増えている。特に都会の若い人たちは調理済みのランチを電子レンジでチンすることもある。しかし、地方では、ランチはマンマが家族の料理をつくって待っている。マンマは、子どもたちの帰るタイミングに合わせてパスタを茹でる。連絡なく帰宅が遅れると、「どうして連絡しないの？　パスタが伸びちゃうよ！」と怒られること必至だ。

イタリア人はパスタに関しては、茹で加減や入れる具材の種類にこだわりが強い。それぞれの家庭や地域によってレシピが微妙に違う。出身地の異なる者同士が、パスタのつくり方談義で盛り上がる場面に出合うのも珍しくない。家庭にそれぞれの味があると同時に、地域の味がある。地域の食材と料理法とは切っても切り離せない関係にある。場違いの具材を入れたりすると、それはもはやその土地の料理ではなくなってしまう。

ローマの伝統パスタ、カーチョ・エ・ペーペは、黒胡椒とペコリーノチーズだけのシンプルな一品である。たっぷりと削ったチーズを茹であがったパスタと和える。熱と水分でチーズがほどよく溶けてパスタに絡む。この手軽に調理できるパスタは、カルボナーラと並び、ローマの代表料理である。カーチョ・エ・ペーペにカルボナーラのようにパンチェッタを加えれば、別物になってしまう。「ちょっとパンチェッタを足したら、もっと美味しくなるのでは」と思うのだが、ローマ人はそのルールを崩さない。チーズも、牛ではなく、羊のミルクでつくったペコリーノチーズが定番だ。

南イタリアのちょうど長靴の踵《かかと》の辺りにあるプーリア州は、パスタづくりに欠かせないセモリナ粉とオリーブオイルの大産地である。生産量は国内一であるオリーブは、プーリアの中でさえ地域ごとに種類が違う。各地域に土着の単一品種があるのだ。野菜の生産も活発で、多種多様な地域野菜が栽培されている。野菜をメインに使う郷土料理も多い。ファーベ・エ・チコリエは、ファーベ（そら豆）のピューレと、くたくたに茹でたチコリエをニンニクで炒め、半々に皿に盛り付ける。これにオリーブオイルをかけて食べる。素朴な郷土料理だが、病みつきになる。そら豆の甘み、チコリエのほのかな苦味、土着オリーブオイルの風味——この味覚はこの地域でしか出せない。プーリア人にとっては故郷の味である。里帰りすると必ずマンマにつくってもらう、まさに母の味である。余計な調味料は入れない。

イタリア人は、自分たちの地域の誇る伝統料理に関しては超保守的である。「地域の顔」である郷土料理は、その土地の出身者には自分のアイデンティティに関わる。

まちにあふれるメルカート――野菜・畜産・魚介

イタリアの暮らしの楽しみの一つに、露店が街中の広場や道沿いに立ち並ぶメルカート（市場）のそぞろ歩きがある。都会でも田舎町でも、多くは週末に地域の中心となる広場や下町の通りで開催される。野菜、食肉、魚介類、チーズや生ハム・サラミなどの加工品、オリーブの実などを売る専門店が並ぶ。日本のような袋詰め商品はなく、ほぼすべて量り売りである。客の多くは、一週間分の食材を買い込む。葉物野菜でも、キロ単位で購入し、ビニール袋がいっぱいになる。大抵は夫婦で買い物にくる。品定めをする奥さんの後ろを、旦那さんが両手に買い物袋をいくつも抱えてついていく。こうした微笑ましい光景は、土曜日の朝の風物詩である。

筆者がミラノに住んでいた時も、土曜日には上司と近所のメルカートに出掛けた。この上司は、日本で初めてファッション・コンサルタントという職業を創った日本人女性だが、一九七〇年代末に単独でイタリア人社会に飛び込み、海外デザイナーのコレクションをイタリア一流メーカーと創り上げるなど、その地位を築いていった。さまざまな分野・階級の人と交流があり、イタリア人の暮らし方や文化（特に食）に精通していた。鮮魚店や青果店で新鮮な食材を買い求め、上司のお宅でイワシのカルパチョや旬のサラダ、パスタソースなどをつくるのを手伝い、料理法を教わった。このように朝市で旬の新鮮な食材を買って、午前中一杯かけて料理を楽しむ、という週末の習慣がイタリアにはある。

ミラノのような大都市でも、小さな田舎町でも変わらない。メルカートを歩くと、今どの野菜が旬を迎えているのか、一目瞭然である。イタリア料理には欠かせないトマトでも、旬の夏場を過ぎると店頭から姿を消す。こうして季節ごと、地域ごとに違う食材が手に入るからこそ、マンマたちは、その土地に根づいた料理に腕を振るうのである。日本には「身土不二」という言葉がある。人間の身体と土地は切り離せないものであり、その土地で季節に採れたものを食べることが健康な体をつくるという意味だ。イタリアのこうしたメルカートで食材を調達する生活文化はまさに身土不二そのものだ。

日本でも一九八〇年代までは、どの地方都市にも、青果店、精肉店など専門店が軒を連ねる市場や商店街があった。しかし、八〇年代以降、買い物先の主流は、商店街から何でも揃う食品スーパーマーケットへと移行し、地域性を育む買い物の場は失われてしまった。今では、どの地方都市でもシャッター街化した商店街の再興が課題となっている。中小企業庁の商店街実態調査によると、商店街空き店舗数の割合の全国平均は、一九九五年にはすでに六・九％となっており、二〇〇九年には一〇・八％に上る。どこのスーパーに行っても、同じ産地の似た食材が通年並ぶ。便利だが、季節ごとの、あるいはその土地ならではの特性が消える事態につながっている。さらに、日本ではコンビニエンスストアの普及とともにコンビニ食が浸透し、中食による料理の機会の減少も、その要因となっているだろう。

イタリアでは、都市近郊に農業地帯が広がっている。農家が地元産の、旬の新鮮な野菜を直販、あるいは青果店が農家から直接仕入れて販売する。それゆえメルカートはいまだに存在し、成り立つのだ。もちろん、イタリアでもグローバル化の煽りを受けて、都市部では、街中にあった青果店や食材専門店はスーパーに業態を変えている。日本では一九八〇年代に、酒屋や米屋などの専門店の多くがコンビニエンスストアに変わっていったが、それと同様にイタリアではスーパーマーケットに業態を変えた。

それでも、暮らしは変わっていない。筆者が住んでいた南イタリア最大の工業都市バーリでは、こうした近所の小さなスーパーは、朝八時には開店し、一三時頃には一度シャッターが閉まり、再開は一六時頃。つまりお昼休みをとる。スーパーといえども、暮らし方は変わらない。そして、野菜売り場には調理しやすいように処理したり、扱いやすい大きさにカットしたりするような野菜専門スタッフがいる。また、肉や生ハム類、チーズなどは、専門店が入っており、職人がその場で生ハムの塊をスライスし、チーズ、パンを量り売りしてくれる。つまり、形態はスーパーに変わっても、均等にパックされていない元の姿の食材を目にする機会がある。

さらに今では、ミニスーパーマーケットから、オーガニックなどの食材専門店に戻す動きも現れてきた（カラー口絵参照）。バーリでそのような店主にインタビュー調査をしたことがあるが、「地域の人々との結びつきこそ、お店の醍醐味。スーパーでは、客に食材の説明もできない。自分で産地に行って生産者と話をし、信頼のおける生産者から産品を仕入れる。地域に根ざしたお店として、地域の人々に貢献したい」と語ってくれた。買い物という行為は、ただものを手に入れるという意味だけでなく、人との対話や食材を知り知識を増やす機会ともなっているのだ。メルカートや八百屋がいまだに暮らしに欠かせないものとして存在するのは、日常の暮らしの楽しみになっているからだろう。

隣町に行けば言葉もパスタも変わる

イタリアは、もともと地方都市国家の集合体だった。方言もきつい。日本でも、馴染みのない地方を訪れると、高齢者の会話を理解できなかったりするが、イタリアではもっと極端で、電車で三〇分の距離の隣町でさえイントネーションが変わる。レストランのメニューに見たことのない単語が並んでいることもある。

今、共通語になっているイタリア語が誕生したのは一八六一年、イタリア統一以降である。統一政策の一環として広く使われるようになった。それ以前は、そもそも、「イタリア人」と呼ばれる人々がいなかった。各地域に、周辺国の支配の影響や歴史的関係性から別々の地域言語が醸成されていた。そのため、地域間で意思疎通がスムーズではなかった。標準イタリア語の源は、ダンテ・アリギエーリが一三二一年に完成させた『神曲』で用いたトスカーナ方言である。彼が初めてラテン語ではない言語で文学表現し、トスカーナ方言が国際的言語として認められるようになったのである。その後、標準イタリア語を創る際に、外国語の影響を受けなかった方言で、かつ国際的に認められていたトスカーナ方言を柱とすることとなった。ただ、これには地方から反発があった。したがって今でも、標準イタリア語＝トスカーナ方言とは言い切れない。

方言はその土地の歴史文化を反映している。地域食を表現するのにも、独自の方言が残っている。したがってパスタの名前も地域それぞれに異なる。

イタリア料理では、穀物だけでなく木の実なども粉にし、捏《こ》ねて多様な形状にして食べる。それもパスタ料理である。PASTA はイタリア語の動詞 impastare「粉を捏ねる」に由来する。粉を捏ねて麺にする技術の発達は、ヨーロッパではイタリアに固有のものである。パスタの起源は、ローマ時代に遡る。また、パスタの種類は無数にある。同じ形状のパスタでも、地域ごとに違う名前で呼ばれる。パスタは、必ずその土地の食材を使ったソースと合わせて食べる。したがってパスタにも、地域の特性が表現される。

北部では、手打ちパスタが多い。生地に卵も使う。ラビオリやトルテッリのように、詰め物をした餃子に似た形状が多くなる。小麦粉だけでなく、そば粉や栗の粉、トウモロコシの粉など多様な食材のパスタがあるのも北部の特徴である。山岳地帯では、酪農や畜産が広く行われ、パスタのソースにはバターを多く使う。中山間地域の植生とそこで営まれている農牧が、パスタの食材に反映されている。

一方、南部では、オリーブ畑と麦畑が広がる。硬質小麦粉（デュラム粉）と水、塩で練り上げたパスタが主流である。ソースはオリーブオイル。南のパスタのもう一つの特徴は、乾燥パスタの発達である。九世紀頃から、アラブに支配されていたことが理由に挙げられる。アラブ人の南イタリアへの移住は、新しい食材や調理技術をもたらし、食文化に革新を起こした。特に重要な技術移転は、彼らの製粉法だった。それによって製粉量が一気に増加した。もう一つは、食材を保存する乾燥技術。おかげで、南部では、パスタを乾燥させて保存する技術が発達した。異文化の融合が生み出したパスタである。

地域によってパスタの呼び方が変わる。トスカーナ州で食べられる、うどんのような太い手打ちパスタ「ピチ」は、ウンブリア州では「ウンブリチェッリ」、ヴェネト州では「ビーゴリ」、エミリア＝ロマーニャ州では「ストロッツァプレーティー」と呼ばれる。また、最もポピュラーなパスタであるスパゲッティを、ナポリでは「ヴェルミチェッリ」と呼ぶ。リグーリアナ州では、タリアテッレのことをフランス語訛りなのか「ピカジェ」と呼ぶ。

コラム　パスタの種類（ロングパスタ）

五〇〇種類以上あると言われるパスタは、スパゲッティのようなロングパスタと、マカロニのようなショートパスタに大分される。また、製法では、製麺して乾燥させた乾燥パスタと、乾燥させない生パスタに分かれる。スパゲッティのような円形状のロングパスタは乾燥パスタがほとんどであるが、手打ちでも製麺しやすいタリアテッレやフェットチーネは、生パスタでいただく機会も多い。乾燥ロングパスタは、だいたい二五センチメートル程度が主流である。

さまざまな要素が絡み合いながら地域に根ざすパスタの皿が確立されてきたのである。

たかがパスタ、されどパスタ。そこには本一冊書けるほどの物語が秘められている。

図表1　代表的なロングパスタ

カッペリーニ：イタリア語で「髪の毛」の意味。直径1mm前後の乾燥パスタ。短く折って、豆スープに入れて食べたりする。
スパゲッティ：直径1.4〜1.9mmで乾燥パスタが主流。細めのスパゲッティはトマトソースやオイルベースのソースに使われる。太めのパスタは、チーズなど濃厚なソースに使用される。
リングイーネ：イタリア語で「小さな舌」の意味。楕円形の断面をした乾燥パスタ。バジルや松の実、チーズのペースト「ジェノベーゼ」との相性が良い。
タリアテッレ、フェットチーネ：平麺パスタ。レストランなどでは手打ち生麺で提供されることが多いが、乾燥もある。タリアテッレはタリアーレ（イタリア語で tagliare「切る」）から派生した言葉で、文字通り、平らに伸ばした面をリボン状に切ってつくる。厚さ1mm、幅5mm程度。フェットチーネは、イタリア語で「小さなリボン」の意味である。タリアテッレと似ているが、フェットチーネの方が幅が広い。8〜10mm程度。どちらもチーズや肉のラグー（ミンチソース）など、濃厚なソースと合わせることが多い。

ハレとケ――イタリア料理の誕生と南北問題

「イタリア料理」は、一九世紀後期まで存在しなかった。イタリア料理は、フランス料理のように皿ごとに食材や調理法が体系的に確立されてはいないのだ。それゆえ、フランス料理の方が高級である、と考えられている。基本的にイタリア料理は、各地の「郷土料理」のレシピ集と言ってよい。近代になっても、市井の人々が地域の食材でつくる郷土料理があるだけで、それを文字にしたレシピはなかった。

イタリア料理は「庶民の味」だが、宮廷や貴族たちが食べた贅《ぜい》を尽くした料理もある。前者は「クチーナ・ポーベラ」、後者は「クチーナ・リッカ」と呼ばれる。「ポーベラ」とは「貧しい、みすぼらしい、劣っている」の意味がある。一方、「リッカ」とは「お金持ち、贅沢な、豊富な」という意味である。

近代に入っても国民の多くは農民で貧しかった。精肉は地主、貴族に納めなければならなかった。農民が口にできたのは、臓物などの残った部位だった。これをどのようにして美味しく料理するか、マンマが工夫したのである。そうしてできたレシピがイタリアの郷土料理になった。例えば、チャレッダは南イタリア、プーリアの前菜料理だが、残って硬くなったパンをオリーブオイルやスープで軟らかくし、それに野菜を和えるサラダのような料理である。オリーブオイルとニンニクの風味が、蒸し暑い時期でも食欲をそそる。典型的なクチーナ・ポーベラである。

チャレッダ

「イタリア料理」が誕生したのは、イタリア語と同様、国家統一の時期である。統一以前は、地域ごとにオーストリアやフランスなどの違った文化圏の権力に支配されていた。当然、地域の人々は自分たちの固有の伝統・文化を守ることに必死だった。そこでは、郷土料理もまさに守り抜くべきものだった。地域の料理は地域の人々の心のよりどころだったし、アイデンティティだったのである。したがって、全土共通のイタリア料理が生まれる余地はなかった。

しかし、領主にバラバラに統治されていたイタリアも、国が統一され、国際社会で国家として認められることを希求した。イタリア国家・国民の意識の醸成が急務になった。料理も地域食ではなく、対外的に「イタリア料理」を誇示することが必要になった。それまで希薄であった国民国家の意識を芽生えさせるために、「イタリア料理」というカテゴリーの確立が必要とされたのである。

現在のイタリア料理の概念の礎を築いたのは、イタリア料理の父と言われるペッレグリーノ・アルトゥージ（Pellegrino Artusi）である。エミリア＝ロマーニャ州の片田舎の裕福な家庭に生まれ、学生時代を美食のまち、ボローニャで過ごした。平野部に流れるポー川流域の肥沃な大地は、良質の食肉やチーズを生み、食卓を飾る。彼は、ポーベラではなくリッカな食を楽しんだのである。一八九一年に *La scienza in cucina e l'arte di mangiar bene*（邦訳『イタリア料理大全：厨房の学とよい食の術』）という料理本を出版した。そこでは、各地から「これぞイタリアの代表的な郷土料理」として選んだ一皿が紹介されている。郷土料理を、初めて文字化して紹介した本である。ただ、登場する料理は、彼の生まれ育ったエミリア＝ロマーニャ、トスカーナが中心となっていた。また、彼は裕福なブルジョア階級であったため、クチーナ・リッカが多い。とはいえ、地域の季節食材を使ったマンマの家庭料理を、初めて文字にして世間一般に広げたのである。当時、ブルジョア階級が台頭し、恵まれた家庭の女性たちは、このレシピを見て家族に料理を振る舞ったのである。

南部の料理は、アルトゥージのリストにはあまり取り上げられていない。宮廷料理の名残があるナポリ料理はいくつか紹介されているが、いわゆる庶民の料理は見当たらない。ここにはイタリアの南北問題が影響している。

南北問題は根が深い。中世都市国家が成立した北部ではブルジョアジーが生まれたことで食文化は庶民のものになった。そして、領土のせめぎ合いを通じて、独自性、自律性が育まれた。国家の統一運動を牽引したのも北部である。一方、南部は、古代、ギリシャ・ローマ時代には洗練された古代文明が花開き、その絶大な権力によって世界のあらゆる食材をローマに集結させた。しかし、その後の南部は、スペイン、ノルマン、アラブなどの帝国に支配され、常に他国に領土を占領され続けてきた。

南部は、地中海性気候で太陽の光はよく注ぐが、水は少なく土壌は痩せている。栽培も、オリーブやレモン、葡萄など痩せた土地で育つものが中心である。南部では、ラティフォンドと呼ばれる大地主制度の名残が、第二次世界大戦後も維持されてきた。そこでは、粗放的な農業が営まれ、農民は貧困を強いられた。北のように産業革命も起こらなかった。つまり、近代社会の発展から取り残された貧しいイメージが強く、アルトゥージは、そこではガストロノミー（食事と文化の関係を考察すること）をうたえる料理を見出さなかったのである。

北部はアルプスから流れ出る水のおかげで、肥沃な土地が広がる。高原ではアスパラガスやトレビーゾなどの高級野菜、ポー川に沿って広がる平野では広大な農地で穀物栽培や畜産が行われている。豊富な食肉と乳製品は、食卓をリッチにするのである。

資本主義競争に打ち勝ってきたブランド力

産業革命以降、工業の発達によってイギリスを筆頭にフランスやドイツで資本主義が台頭し、食料生産においてもいち早く資本主義化が進んだ。一方、イタリアは、出遅れた。特に外国に支配されていた南部は、不在地主によって小作人による粗放的農業のまま放置された。逆に北部のポー川流域に平野が広がるエミリア＝ロマーニャでは、資本による大規模営農が進んだが、州の六〇％を起伏のある中山間地域が占める。平野に広大な農地を有する他のヨーロッパ諸国と、その生産性を比べると到底太刀打ちできない。価格勝負の市場経済システムでは、競争力を持てない。しかし、実際は、イタリアの食のブランド力は他のヨーロッパ諸国に負けていない。

例えば、パルマの生ハム。柔らかく甘みがある。世界中に輸出されている。年間輸出額は二・六億ユーロに上る。特に、EUの認証制度である原産地呼称保護認証制度（コラム参照。以下PDO認証）認定のものは価格も高く、引き合いが多い。チーズでは、パルミジャーノ・レッジャーノが有名である。これも世界中に輸出され、イタリア料理には欠かせない食材である。

なぜ、イタリアのハム、チーズが世界で人気を得、シェアを伸ばすのか。そのブランド力はどこからくるのか。

パルマの生ハムの起源は、ローマ時代に遡る。当時、ローマ人の食卓には、贅を尽くした料理が並んだ。その食材の調達先は、地中海沿岸、ギリシャ、トルコ、アフリカ大陸まで及んだ。中でも、エトルリア人によって生産された豚もも肉の塩漬けが絶品だった。ローマ人たちはこぞって取り寄せ、その料理を楽しんだ。エトルリア人は、ローマ時代以前にトスカーナを中心に高度な文明を築いた民族である。豚飼育、食肉加工で卓越した技術を持っていた。PDO認証のパルマ生ハムが生産される場所は、豚飼育には最適な土壌である。ポー川からの湿った風が絶えず吹くことによって肉が熟成され、柔らかで豊潤な生ハムに仕上がる。エトルリア式の加工法は、今でも守られている。PDO認証を得るためには、湿度管理を徹底した近代工場でも、仕上げの最後の一定期間、工場の窓を開けてポー川からの風に当てなければならないのである。

このように歴史的背景と生産地域を限定する地理的条件が、イタリア食材のブランド力を高める。ローマ時代まで遡る産品は多くはないが、それでも、シチリアのレモンや子羊なども、ローマ時代からの名声を産品のブランド力に活用している。

イタリアは、小規模農業が多くを占める。市場経済システムの中で競争力を獲得できる営農条件は乏しい。それでも生ハムのように、イタリアの農産品は世界市場で強い。上記したように、歴史と地理的特性を結びつけて農産品をブランディングしていることに加え、EUの制度や政策をうまく活用してマーチャンダイジング（商品開発）している。

その代表的な制度が地理的表示保護制度である。この制度では、農畜産物に対して知的財産権を認める。原産地呼称保護（PDO）と地理的表示保護（PGI）がある。「パルマの生ハム」のように、地理的表示によってその権利を保護する制度である。認証を得るには、さまざまな条件をクリアしなければならない。最も重要なのは、産品と地域との「つながり」である。この条件がイタリア農業の特徴を活かす強みに直結している。この制度では、単に産地の名称を保護するのではなく、品質の特徴を生み出し、育む風土、また、その土地の生産者が磨き上げ、幾世代にもわたって継承してきた技の育成も重視される。

ヨーロッパの地理的表示保護認証データベースGIviewによると、イタリアのPDO／PGIの認証食材数は八九九品と最多である。二位はフランスで七八〇品、三位スペインは四〇六品（二〇二五年二月八日現在）と続く。

コラム

EU地理的表示（GI）とは

地理的表示保護制度は、日本でも二〇一五年に施行された。その内容はEUモデルを採用している。EUでは一九九二年に制定されたが、地名を産品の名称につける地理的表示自体は長い歴史がある。「コリントワイン」「シチリア蜂蜜」などは、紀元前四世紀からその名で流通していた。ワイン、チーズについては、一九世紀に、産地名を付けたものの間でその優劣が比較されるようになった。そして、良質の産品を生む地域は、国境を越え、高い評価を得るようになっていた。こうしてブランド化した地域産品がヨーロッパ各地で認識されるようになる過程で、フランス、イタリアでは、産地名を使用する権利を保護する取り組みが始まった。

知的財産権として原産地呼称の法的地位が確立されたのは一九三五年である。この年、フランス産ワインの質を保証する制度として統制原産地呼称法（以下AOC法）が制定された。第二次世界大戦後、AOC法に基づいたワインが世界的に評価され、その経済効果の大きさが注目された。フランスは、一九九〇年にワイン以外の農畜産品にも適用するための法改正をした。一方、EUは、一九九二年末に単一市場を形成する過程で、「原産地呼称および地理的表示の保護に関する制度」を創設した。この時期は、GATT（関税及び貿易に関する一般協定）ウルグアイラウンド交渉の真っ只中にあったが、EUは、この制度を重要な農業政策と位置付けて、諸外国から認知を得ることをめざし、国際合意の取り付けに動いた。その結果、世界貿易機構（以下WTO）が一九九四年に同制度を認定し、地理的表示は国際的強制力を持つ知的財産権となった。

しかし、アメリカやオーストラリアは、「地理的表示はGATTやTRIPS協定（知的所有権の貿易関連の側面に関する協定）の平等の原則に違反している」と反発し、二〇〇三年、WTOにEUを提訴した。二〇〇五年開催のWTOパネルでは、「違反ではない」と認められたが、論争は今も続いている。長い時間をかけ、多くの地理的表示産品をブランド農畜産品に育ててきたヨーロッパ大陸。一方、移民国家で開拓地に故郷の名を付けた都市が多く存在するアメリカやオーストラリアなどの新大陸。両者の間で地名の争いが起きたケースもあった。

先述の通り、ヨーロッパの地理的表示には、原産地呼称保護（PDO：Protected Designation

of Origin）と地理的表示保護（ＰＧＩ：Protected Geographical Indication）がある。

認定の要件は、①産品の品質、特性、または名声が主として原産地に帰せられる、②その産品が、すでに社会的に高い評価を得ている、③原産地が、その自然的要素と人的要素を含む地理に特色がある、ことである。ＰＤＯの認定を受けるには、原材料の生産から加工のすべての工程を原産地で規定通りに行わなければならない。一方、ＰＧＩは原材料の生産か加工のどちらかを原産地で行っていればよい。また、製法もＰＤＯの要件よりは厳しくない。したがって、ＰＤＯの方が生産量は圧倒的に少なく、希少価値がある。ただ、ＰＧＩの品質が悪いということではない。生産や加工の方法は規定に則って行われるため、伝統手法によって丁寧につくられることに変わりはない。そしてある程度量産もできる。消費者にとっては、同程度の質のものが手頃な価格で入手できるというメリットがある。

こうした措置が取られているのは、生産者の保護の意味もある。ＰＤＯのようにあまりにも厳しく限定してしまうと、ごく少量しか生産できない産品もある。それでは業者は食べていけないからである。例えば、デザートにも使用される濃厚なバルサミコ酢は、ＰＤＯ認定のものだと、特定地域の葡萄の搾汁を一〇〇%使用し、木樽で自然蒸発させながら一二年もの月日をかけてゆっくりと醱酵させてつくる。一年ごとに、蒸発した分の量が減るため一回り小さな木樽に入れ替えるので、最終的に生産量は最初の半分ぐらいになってしまう。このように、一二年かけても少量しか生産できないようでは、いくら高値をつけても生計は立てられない。バルサミコのＰＧＩ認定商品は、葡萄搾汁は三〇％、熟成期間も三年など、量産も可能な製法を認めている。

ＰＤＯ／ＰＧＩ認証制度の趣旨は、地域共同体の団結を強化し、自律と持続性を担保することにある。申請できるのは、同業者組合と地域団体だけである。一企業、一農家では申請できない。つまり、生産者組合の設立が求められる。具体的には、製品の宣伝や開発を共同で行い、そのコストを組合員が分担する。ＰＤＯ／ＰＧＩ認証制度は、地域共同体の権利を守ると同時に、地域ガバナンスを育むものである。風土と伝統文化に根づいた産業は、「それぞれのステークホルダー（利害関係者）が協働し、自主管理する」という地域デモクラシーの基礎になっている。

ＰＤＯに認定されるためには、その製造工程が細かく規定されている。例えば、パルマの生ハムであれば、ハムの原材料となる豚の生育には、同じ地域で生産されるパルミジャーノ・レッジャーノチーズを生産する際に出るホエーを餌に混ぜて食べさせなくてはならない。塩漬けにする際の豚もも肉の重さも定められている。豚もも肉は、熟練の職人の手で一つ一つ塩漬けされる。

工場には、ハム熟成庫の温度や湿度をコンピューター管理する最新設備を導入しているが、豚もも肉に塩を塗り込む作業は最も重要な工程であり、機械化は認められていない。熟成工程についても、湿度や温度、ねかせる期間が決まっている。コンピューター管理している工場でも、仕上げの熟成段階には、工場の窓を開放し、そばを流れるポー川に沿って下りてくるアドリア海の海風にさらすのである。この工程がなければ、PDO登録を認められない。PDO認証を受けるには、ポー川を源流とする河川沿いにあることに加え、標高も九〇〇メートル以下の地域と規定されている。こうした条件下で湿気を含む風がパルマハム独自の甘みと柔らかさを生み出すということなのである。

野菜にもさまざまな認定品がある。ペペローニは巨大な肉厚のパプリカで、ペペロナータという郷土料理に欠かせない野菜である。ペペローニ・ディ・ポンテコルボPDOは、ローマを州都とするラツィオ州で生産される。歴史は古く、一八八九年には生産組合が形成されていた。その活動のおかげで一大産地と化していった。栽培方法は、優良株からさらに選別された種子が、二月中旬から四月中旬にかけて苗床に播種される。発芽から三〇～五〇日後、苗は移植されるが、基本的に露地で栽培することとされる。トンネルなど被覆され、保護された環境に移植される場合でも、被覆は毎年五月三一日までに取り除かなければならない規定がある。また、正確な輪作（毎年、栽培する場所をローテーションしていくこと）に従わなければならず、コルネット・ディ・ポンテコルボ（ラツィオ州原産のペペローニ）や他のソラマメ科の植物は、同じ区画で四年に一度しか栽培できない。収穫は傷がつかないように手作業で、七月から一一月の間に行われる。収穫と保管には注意が必要で、特に擦れたり組織が壊れたりしないように注意する。収穫したペペローニは日光にさらしてはいけない。このように、種の選定から栽培方法、収穫後の管理方法が定められている。

知と融合するスローフード運動

ＰＤＯ／ＰＧＩの認証がローカルな郷土料理や地域食を保護し、ブランディングによる地域経済の活性化、および農村の叡智の伝承につながっている。ただ、ＰＤＯに認定されるためには、すでにある程度の名声があり、産地に一定の規模が必要である。小さな村で細々と生産しているような産品は、特色や伝統があってもこうした認証を受けるのは難しい。

しかし、実際は、昔ながらの伝統的手法で生産されている多くの食材は、小さな工房や農家の敷地内でつくられている。衛生法の規定にも引っかかりそうな産品である。到底、市場経済の原理にはそぐわない。こうした産品こそ、希少性があり伝承する価値があるのだが、PDOでは救うことができない。イタリアには、そのまま放っておけば消えゆく産品やその生産者たちを、人類の宝物として残そうとする運動がある。このスローフード運動は山岳地の、小さなまちの小さな美食サークルの思いつきから始まった。ごく短期間にイタリア全土に広がり、やがて、五大陸をまたぐ国際ネットワークに成長した。

その発足は、センセーショナルなものだった。北イタリア、ピエモンテ州にあるブラという小さなまちに、アルチ・ゴーラというサークルがあった。アルチとは、イタリア文化レクリエーション協会のこと。自分たちの暮らしの向上のために、市民同士でサークルを立ち上げて活動する、市民主導のレクリエーションサークルのネットワークである。その起源は「人民の家」にある。一九世紀半ばに国家統一を果たしたイタリアでは、人々は、社会の急激な変化と長時間労働を強いられ、貧困に苦しんでいた。そうした人々に美味しい食事を提供し、音楽鑑賞や読書などの文化的レクリエーションの機会を用意したのが「人民の家」である。その後、戦時中のレジスタンス運動へと昇華し、労働組合や協同組合と融合し、住民自らでつくる互助団体としてアルチが誕生した。基本的にはその活動は「地区」という末端の地域コミュニティにある、市民の自発的・自主的な文化運動体である。アルチからスピンオフして大きな組織に発展することもあり、スローフード協会はその一つである。

ハンバーガーチェーンのマクドナルドがローマの一等地に出店するのに反対し、アルチ・ゴーラが、「スローフード宣言」を発表したのは一九八六年。その翌年、「スローフード協会」を発足させた。

現在、世界一六〇ヵ国に一〇〇万人以上の会員がいる。二四〇〇ものコンヴィヴィウム（地域団体）を持つ巨大非営利活動法人（ＮＰＯ）である。スローフードのキーワードは「BUONO（美味しい）・PULITO（きれい）・GIUSTO（正しい）」。「美味しい」は、高級食材を意味していない。その地域に根ざす伝統的な方法でつくられ、風土・伝統・文化を継承する食の意味である。「きれい」は、農薬の大量使用、無理な集約的農法を避け、生産環境に負荷をかけていないことを意味する。「正しい」は、生産工程で不正行為がなく、生産者が人間的な暮らしのできる正当な対価を得られることを指している。協会のミッションは、「人間には食を享受する権利がある。その権利を守り、食を享受するために必要な生物多様性、文化、知識（Biodiversity, Culture, Knowledge）を保護すること」である。

スローフード協会の活動は、①地域の食品と生産者の保護、②生産者と消費者をつなぐこと、そして③食農教育に重点が置かれている。

①に関する事業には、「味の箱舟」と「プレシディア」という取り組みがある。希少な食材を認証する「味の箱舟」は、プロモーション活動などの地域支援策を通してその生産と消費を維持し、地域における食の多様性を守ることを狙っている。二〇二五年二月現在六五二六の家畜、果物、野菜、そして加工食品が認定されている。プレシディアは、生産者グループをつくり、生産者自身が販売促進をする環境を整える一方、商品の品質と評価の基準づくりを支援する。小規模生産者による食品の生産技術を安定させ、伝統的な食物の発展を保証する取り組みである。プレシディアとなれば、「手間をかけて丁寧につくられ、安心安全で高品質であること」が保証される。二〇二五年二月一一日現在六八五種が認証されている。

料理人や専門家に限らず、一般消費者もその価値を認知し、積極的に購入している。良質な食品は、値段が高くなるが、それでも商品の知識のある消費者は喜んでその値段を支払う。プレシディアの成功は、生産が経済的に成り立つことを証明した。

②に関するビッグイベントに、二年に一度、トリノで開催される食の祭典「サローネ・デル・グスト」（味のサロン、以下「サローネ」）がある。フィアット社の旧工場をリノベーショ

ンし高級ホテルも併設する巨大ショッピングモール、リンゴットに設置される特設展示場で開催される。一日では回りきれないほど多くの、多様な食材のブースが立ち並び、生産者自ら商品の説明をする。ただ、この取り組みが評判になるにつれて、トリノ市民には迷惑な面も出てきた。入場料を取ることや、来場者が殺到し、入り口で長蛇の列ができ、入場までに長時間かかることが、トリノ市民に開かれたものではない、との批判の声が少なからず上がっていた。

そうした中、二〇年目を迎えた二〇一六年のサローネは開催方法を改めた。これまで行ってきた屋内での開催から趣向を変え、公園や広場、世界遺産の建造物などで、公共に開かれた空間を会場にした。文字通り、トリノ市民に開かれた祭典として、トリノ市全体がスローフードに触れることができ、珍しい食材を買うことに加え、その場で生産者と対話できる機会にしたのである。世界一六〇ヵ国から五〇〇〇の代表団、八〇〇の出展団体、三〇〇以上のプレシディア生産団体が参加した。二〇二〇年はコロナ真っ只中ではあったが、六ヵ月間にわたり、オンラインと対面とを併用して開催した。

スローフード協会は、郷土食を保護・伝承する団体から、今ではEUの食農戦略策定にも参画するアドボカシー機能を持った国際団体として発展した。その理由は、サローネと同時に開催される「テラマードレ」(母なる大地)という食の国際会議の発足が大きい。一九九六年に第一回のサローネが開催されてから八年後に発足した。環境破壊や貧困といったグローバル問題と密接に関係する食農の諸問題を議論し、持続可能な社会を実現する食農の在り方を話し合う場として、毎回一五〇ヵ国以上から生産者が招待される。そして、世界の食農問題について、生産者、学者、企業、行政職員、調理人、学生が一堂に会して議論を繰り広げる。

③の教育面では、ブラ近郊に食科学大学・大学院を設立し、食農の未来を担う人材を育成している。学生の半分以上が海外からの留学生である。子ども向けに味覚を学ぶ体験型教育プログラムを開発するなど、子どもの食育にも熱心である。卒業生は自発的にネットワーク組織をつくり、スローフード・ユースとして世界の若者とつながって活動をしている。

コラム　**自家用魚醤コラトゥーラで地域おこし**

人類にとって塩の発見は文明の始まりであると言われる。塩をつくり出すことによって、人々は生命を維持する術を見出していった。塩そのものの摂取が人々の生命維持に欠かせないというだけでなく、塩は食材を保存し加工することを可能にした。食材を生で置いておけば、カビが繁殖するか腐ってしまうが、塩漬けにすることによって、自然界の酵母などが付着して発酵が起き、保存食となる。味噌やしょうゆなど、日本食に欠かせない食材はこうした発酵食品が多い。

発酵を促すことによって、単に保存が可能になるだけではなく、多様な栄養素をつくり出すことができる。例えばガルムだ。ガルムとは、魚の内臓を塩漬けにして発酵させてつくるうまみエキス、いわゆる魚醬である。冷蔵技術のない時代、魚は塩漬けにされて運搬されていたのだが、その塩漬け魚から出る内臓が有効活用されていたということだ。贅沢なソースとしてローマ時代の貴族たちが使用した。これは、人の体に良いあらゆる成分が含まれていると考えられており、他のものと混ぜて薬としても投与されていたようだ。それも傷や消化不良といった塩の効用だけでなく、結核や扁桃炎、坐骨神経痛の治療にも使われていたという。

こうした魚を発酵させた魚醬は西欧ではその後発達せず、アジアでしか定着しなかった。しかし、イタリアには、ローマ時代からの食文化を、今に残す食材が存在する。南イタリアの小さな漁村チェターラ（Cetala）のコラトゥーラである。

　ナポリからティレニア海に沿って南下するとアマルフィ海岸に着く。切り立つ断崖には、中世、アラブ軍を迎え撃つために建設された城塞がある。アマルフィは有名な観光地だが、そこから少し離れた人口二〇〇〇人ほどの漁村チェターラは、二〇年ほど前は過疎化する一方の漁村だった。それが今では、世界からグルメたちが訪れる観光スポットになった。そのきっかけをつくったのは元市長セコンド・スクイッツァートである。地元の漁港で獲れたイワシのみを使って自家用魚醤コラトゥーラをつくるプロジェクトを進めたのだ。その際、木桶を使って熟成させるという伝統手法を復活させ、まずプレシディアの認定を受け、PDOの認定にまでこぎつけた。

チェターラ

　スクイッツァートが、地元漁師にコラトゥーラの話を持ち掛けた時は、誰も意味を解さなかったという。しかし、「これは絶対に価値があり地域の宝になる」と信じ、伝統的なつくり方を覚えていたたった一人の漁師を見つけ出した。熟成に欠かせない木桶を探し出し、伝統手法の再現に成功した。当時漁師たちも高齢化し、村は活気を失っていた。しかし、スクイッツァートは、コラトゥーラに村の再興を賭け、私費を投じてローマ時代以前に建てられた城塞を博物館にリノベーションした。そこを、コラトゥーラづくりを見学できる観光スポットにしたのである。村の歴史に詳しい地元学芸員を雇い、地元出身の画家の絵画を展示し、村観光の魅力をアップさせてきたが、その中心にはいつもコラトゥーラがあった。

スクイッツァートは、市長を八年務めあげて引退したが、村長としての給与はすべて村づくりに寄付したという。イタリアでも、小規模自治体の長の副業は珍しくないが、そもそも、給料がそれだけでは暮らしていけないほど安い。日本でも、町村長の給料は低いと言われるものの、六〇〜八〇万円程度はあり、それに諸手当が給付されるが、イタリアでは、人口(市民税)によって決まるため、小規模であればあるほど給料も低い。実際スクイッツァートの月給も一〇万円程度だったという(現在は改正され、月額約二五万円程度)。

そんなことはスクイッツァートには関係ない。村おこしに人生をかけ、すでに次の活動に着手している。レモンの段々畑の復活である。チェターラを含むカンパーニャ州は古代からレモン栽培が盛んであり、特徴は、急勾配の斜面に段々畑で栽培すること。その美しい景観は、南イタリアの象徴でもある。しかし、こうした条件不利地域では農作業も重労働である。高齢化と少子化によって耕作放棄地が広がり、美しい景観は失われつつある。スクイッツァートは市民団体を立ち上げて、八〇〇段も続く階段を上ってレモンの木の剪定を始めた。

よみがえる農業／農村――その背景

イタリアの食の多様性は、気候や地形、歴史、文化の多様性と直結している。ギリシャ・ローマ古代から伝承されてきた食――そう聞いただけで心がときめく。しかし、それをさらにバージョンアップして見せるのは、イタリア人ならではの、独創的な発想力と卓越したデザイン力である。それが、これまでなかった新しい価値を生み出す。スローフード協会のロゴであるカタツムリは、ファストフードの大量生産・大量消費の生産システムに対峙する「スロー」という概念を的確に表現している。同時に、事柄に真正面から対決するような攻撃的な印象はなく、ちょっと脱力した感のユーモアがある。しかし、その主張は人々に強烈に届く。一度見れば忘れない。「味の箱舟」プロジェクトも、旧約聖書創世記の「ノアの方舟」をなぞらえた命名である。「希少なものこそ人類を救う」というメッセージが伝わってくる。そうした奇抜なアイデアやユニークな発想を、社会ムーブメントに仕上げていく。そのプロセス、およびデザイン力は実にイタリア的である。

イタリアの農業・農村は、戦後の高度成長期に衰退を経験したが、ボトムアップ型の農村・農業復興のムーブメントが起きている。二〇世紀末、グローバリズムと新自由主義が浸透し、大きなものが小さなものを飲み込む社会が当然になったが、それに対抗し、地域に根ざす財産を残すダイナミズムが、ローカルから台頭している。アグリツーリズムや有機農業、スローフード運動は、「小さな農村・農業を守ることこそ、人々の幸せな暮らしを実現するのだ」という、地域に生きる人々の強い思いの結晶である。

世界は目まぐるしく変わる。一八世紀の産業革命から生産システムが自動化される第二次産業革命までに、一〇〇年以上かかった。しかし、二一世紀に入り、ICT（情報通信技術）、AI（人工知能）の急激な進歩など、一〇年単位で社会は変動している。高齢化する先進国の農村でも、新たなヒト、モノ、コトの流動が起きている。都市部から田舎に田園回帰する若者、地方に急増する移民——彼らが、今や農業の新しい担い手として欠かせなくなっている。ICTやAI、ロボットなどのテクノロジーを駆使した農業のスマート化も推進されている。反面、手間暇かけるオーガニック農法や自然農法も広がる。農業のかたちが多様化する。また、二地域居住やワーケーションなど新しいライフスタイルが普及し、農村に暮らす人々も多様化する。

こうした多様化の波を踏まえ、新たな農業・農村の在り方が問われている。都会と田舎、そして先進国と発展途上国に共通した問題である。本章で述べてきたイタリアのローカルから生まれた食と農をめぐる活動の経験は、そうした難題の解決にヒントを与えてくれるだろう。そのままでは消えていってしまう、他の地域の人にとって生産するに値しない産物、マクロな経済では無視されるであろうものを、プレシディアのように、唯一無二のものとして再評価し、その価値を社会側が認証するような仕組みを確立させること。それは、結果的に経済的な利益をもたらしたが、そればかりが目的だったのではない。農村のかけがえのない美しい景観や、その景観があるからこそ育まれる地元の食材や料理を守っていくことこそ、イタリア人にとって重要なのである。有機農法の確立や有機農業組合の設立は、グローバル化に対峙するオルターナティブな農業のかたちを生むこととなり、他国より小規模なイタリアの農業でも、国際競争に打ち勝つ道筋を示すことができた。しかし、それも、ただ儲けるための手段ではなく、その村の再興のための選択であった。近代以降、農業政策は、農業の経済的側面しか見てこなかった。市場経済をベースとした産業と捉えてきたのだ。食が持つ文化的価値や社会的価値、あるいは環境保全の役割については無視し続けてきたと言ってよいだろう。日本がそうした産業ベースの政策にひた走ってきたのに対して、イタリアでは、農民や市民の、あるいは学者たちの抵抗運動が農業・農村政策を変えてきた。そうしなければ、ガラッソ法（第5章で詳述）のように景観を保護する法律もなければ、希少な伝統食材を知的財産として保護する制度も生まれなかった。イタリアは、こうしたボトムアップから生まれた社会システムによって、食の多様性が保護され、農村の景観が維持され、人々を惹きつける食文化として次世代へと継承することができたのである。

翻って日本では、戦後の高度成長期において、農村が顧みられることはなかった。高速道路や新幹線の開通によって確かに地方の暮らしは向上した。ただ、それは暮らしを均一化することであり、そこに育まれてきた食文化の価値は置き去りにされてきたのである。

二〇世紀後半期以降に展開されてきた市場経済至上主義は、地球環境の危機／地域社会の破壊／食の安全の危機を引き起こした。しかし、同時に、社会的な対抗力（新しい価値の創造力）を育むようになった。筆者はこの社会的対抗力を「ソーシャル・イノベーション」と呼んでいる。このように考えると、イタリアの社会は、食をめぐるソーシャル・イノベーションが繰り返されてきたと言えるだろう。

　もちろん、現代では冷凍食品が普及し、昔のように家庭でパスタを手づくりすることはほとんどなくなってしまった。しかし、一方で、若者でも、地元で採れる野菜や、季節の野菜、郷土料理に欠かせない食材は何かを知っていて、誇りに思っている人が多い。つまり、イタリア人一人一人のアイデンティティとして食文化が組み込まれている。古代ギリシャやローマ帝国時代という、歴史の中心にあり、文化の発信基地であった時代から、分裂と列強国からの支配と独立を繰り返す歴史の中で、排除するのではなく、さまざまな食材やその食べ方を柔軟に融合させながら新たな食文化を生み出した。食べるという行為の中に、宗教的な意味、その食材を育む風土、あるいは保存や加工の知恵や技といったさまざまな要素が集約されているということを、日常の家庭の食生活の中でインプットされているのであろう。時間軸と空間軸での国レベル、地域レベルでの交差が、今のイタリアの食文化をつくり、世界中の人々を魅了する要因となっているのだろう。

第2章

北イタリア

——トリノ・ヴェネト州・ボローニャ

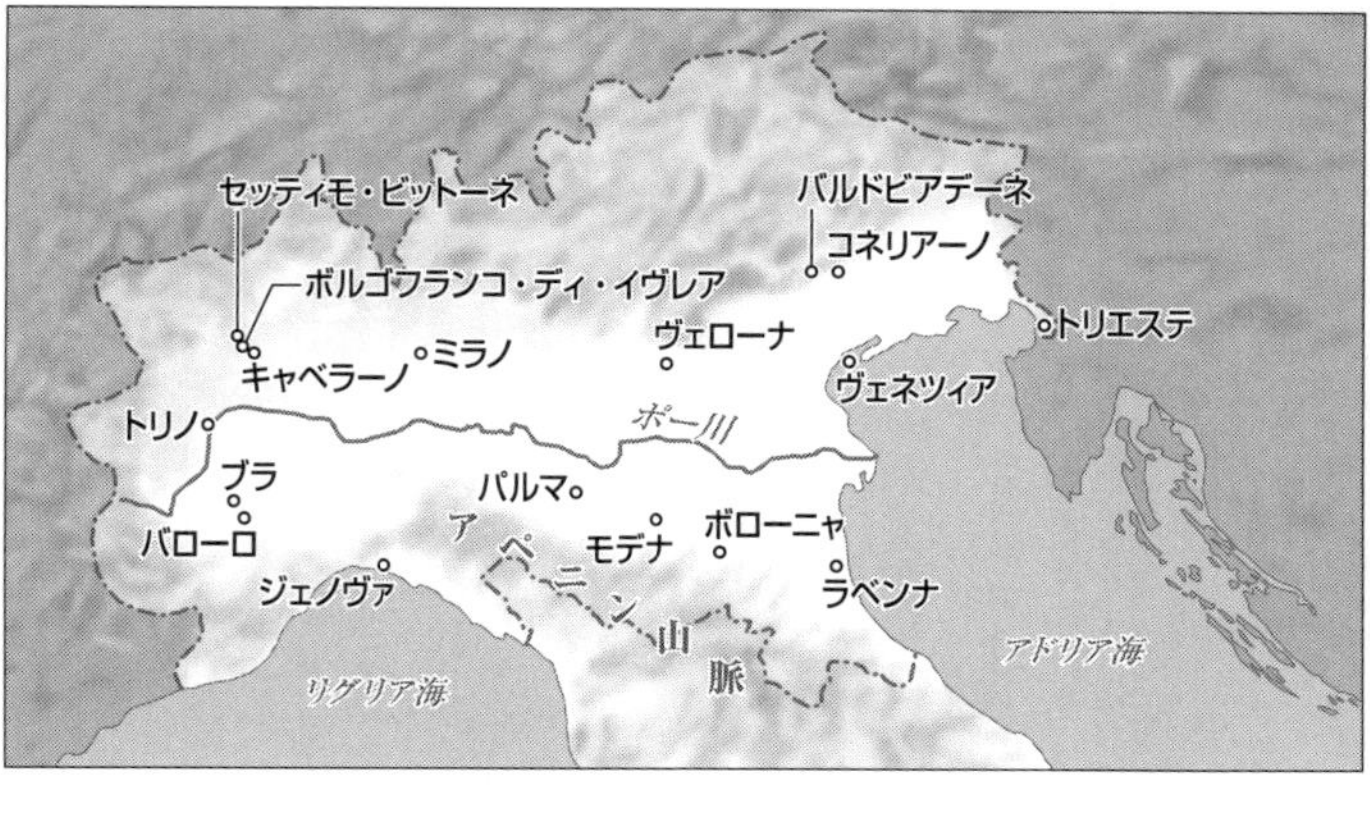

第2章に登場するおもな食材

グラナ・パダーノ（Grana Padano）：北イタリア一帯で生産されているハード系チーズ。削ってパスタやオーブン料理に使う。パルミジャーノ・レッジャーノと似ているが、生産地が広大で生産量も多く、パルミジャーノ・レッジャーノより手頃な価格で購入できる。グラナは粒状のもの、パダーノとは、ポー川流域に広がる平野のこと。

タルトゥッフォ・ビアンコ（Tartufo Bianco）：白トリュフ。ピエモンテ州アルバが産地。黒トリュフは他地域にも産地はあるが、白トリュフは珍しく、高額である。毎年オークションが開かれ、大きさによって一千万円以上の値段がつくことも。生で食べるのも特徴。パスタやピザなどに、スライスして直接かける。

サルシッチャ（Salsiccia）：ソーセージのこと。直径二〜三センチ程度、太いものが主流である。半生で食べる場合もある。縦半分に割って表面を焼いて食べることもあり、粗挽きのためソーセージというよりも、ハンバーグのように肉質感が強い。

ラルド（Lardo）：豚の背脂の部分を塩漬けにしたもの。生ハムのように薄くスライスして食べる。

トスカーナ州のラルド・ディ・コロンナータ（Lardo di Colonnata）が有名。肉の部分がまったく混ざらない。真っ白でハーブで風味付けされている。ラルドの熟成には現地産の大理石の箱を使う。過酷な仕事である石切職人たちにとって、滋養強壮の上で大切な食料だった。

ファッソーネ（Fassone）：ピエモンテのブランド牛。赤身肉が軟らかく、タルタルなど生で食べられる。この軟らかさの理由は、筋肉の結合組織が減少し弱くなっているためである。タンパク質に含まれる遺伝子の突然変異によって筋肉の発達が抑制されることから、この特質が生まれた。

アチェート・バルサミコ（Aceto Balsamico）：煮詰めた葡萄果汁を発酵させてつくる酢の一種。香りは甘酸っぱく、濃厚で芳醇。そのままサラダのドレッシングに使ったり、煮詰めて肉料理のソースやアイスクリームにかけたりする。フェラーリ社発祥の地でも有名なモデナ産がオリジナル。ＰＧＩとＰＤＯがあるが、組合によって詳細に規定されており、ＰＤＯに認定されるには、一二年もの熟成期間を置かなければならない。三〇〇ミリリットルで三万円以上するものもある。

モルタデッラ（Mortadella）：エミリア＝ロマーニャ州のボローニャで伝統的につくられてきたサラミ。細挽き豚ミンチに角切りにした脂肪を加え、大型のケーシング（表皮）に詰めて加熱、燻製したソーセージ。生ハムのようにスライスすることが多いが、一センチほどに分厚く切って角切りにしてつまむこともある。直径三〇センチ長さ一メートル以上に及ぶものもある。ピスタチオやスパイスを加える場合もあるが、伝統的なものは豚肉と脂肪のみでつくられる。二〇〇一年にモルタデッラの組合が発足し、品質が保証されるようになった。

クラテッロ・ディ・ジベッロ（Culattello di Zibello）：エミリア＝ロマーニャのジベッロ村でつくられるハム。普通の生ハムは豚のもも肉を使うが、クラテッロは、豚の臀部《でんぶ》の中心部分のみを使用する。またジベッロ村の湿気の多い気候のおかげで、芳醇で独特の風味に熟成される。こうした希少性や唯一性から「生ハムの王様」とも呼ばれる。

1　アルプス（山）とパダーノ（平野）が育む芳醇な食

自治都市国家の形成と経済発展

イタリアは、地理的・歴史的背景から北、中央、南の三つに区分されることが多い。イタリアと言えばローマ帝国というイメージが強いが、北部はだいぶ事情が違う。西はフランス、北はスイスとオーストリア、東はスロベニアと隣接し、文化的、経済的には南ドイツとのつながりが強い。トレンティーノ＝アルト・アディジェ州の山岳地域では、話し言葉もドイツ語混じりである。レストランのメニューにはドイツ風の料理の名前が並び、ドイツ語圏に来たかのように感じる。

北の国境沿いは、山岳地帯である。スキーをする人なら一度は行ってみたい憧れの山塊ドロミテに代表されるアルプスの山々が東西に連なる。その麓には、アルプスを源流とするイタリア最長のポー川が流れる。その流域は、広大なパダーノ平原である。パダーノ平原が広がるロンバルディア州からエミリア＝ロマーニャは、いち早く近代化を果たしたフランスやドイツに近い。その豊富な水と肥沃な平野を活かし、イタリアで最も早く資本主義的農業が発達した。グラナ・パダーノやイタリアチーズの代名詞パルミジャーノ・レッジャーノなどのハード系チーズ、ハム加工、米などイタリア料理に欠かせない食材では、量・質ともにイタリア屈指の生産地域である。

この地方の民は、元々はケルト系の民族である。ランゴバルド族が支配していた時期もある。その後、神聖ローマ帝国の領域となった。帝国が覇権を失い、弱体化すると、北イタリアでは各地域に自治都市が発達した。それは、皇帝派の地盤であるドイツと、教皇派が支配したイタリア中部のちょうど間に位置し、産業が発達してパワーがあったために、皇帝派、教皇派どちらにもつかずに、中立的立場を取って経済的自立性を保つことができたからである。ヴェネツィアやジェノヴァは、貿易を通して、地中海の多様な先進的文化を吸収し、国際的商業文化を発展させていた。また、エミリア＝ロマーニャには、ヨーロッパ最古の大学、ボローニャ大学が存在する。人文、社会、科学などの分野で知の集積を高め、知識人たちによって高度な食文化、すなわちガストロノミーが発達した。ボローニャが「美食のまち」と呼ばれる所以である。

自治都市の歴史は、支配から独立するために自ら立ち上がる精神を培ってきた。その精神は、現在も脈々と引き継がれている。一九世紀の国家統一や第二次世界大戦中に始まったレジスタンス運動も、北部から広がった。地域コミュニティを支える「人民の家」もまた、北部で生まれた。ミラノ、トリノ、ジェノヴァは、その地理的位置から工業三角地帯と言われ、経済を牽引してきた（自動車都市のトリノ、工業・繊維ファッション産業のミラノ、港湾都市として重化学工業と造船業が発達し、国内最大の貿易港のあるジェノヴァは、第一のイタリアと呼ばれる）。産業の発達は、全土から労働力を吸収した。しかし、労働者の急増は、劣悪な居住環境や労働環境につながり、治安が悪化した。労働者は、工業化社会の歪みが顕在化する中で、労働条件や暮らしの向上を勝ち取るために、社会的協同組合や労働組合を発達させたのである。

地域自治や暮らしを守るためには、自らが活動しなければならない。こうした気質は、北部の食文化にも大きく影響している。

アルプスの麓・丘陵地帯の極上食材

北部の食文化は、アルプス山岳地帯から続く中山間地域と、パダーノの平野部に大きく二分される。アルプスの麓に位置するピエモンテは、冷涼な気候である。地中海からの風やアルプスからの冷気がアペニン山脈で遮られて、多様な農作物を産出する。おかげで希少な高級食材や高級ワインの産地が集中している。バローロは「ワインの王」、バルバレスコは「ワインの女王」と呼ばれるほどである。ピエモンテは、トスカーナと並ぶ一大産地で、高級ワインを多数産出する。ワイン格付けで最高ランクのDOCGやDOC（後述のコラム参照）のワインがイタリアで最も多い（ちなみに、イタリアのワイン生産量は二〇一五年以降、フランスを抜いて世界一位。イタリア二〇州のすべてで赤・白・ロゼワインを産出する）。

ワイン好きなら一度は訪ねてみたいバローロとバルバレスコは近接しており、トリノから南東五〇キロメートル、ワイン産地で有名なランゲ地方にある。両村とも人口一〇〇〇人未満で小さい。しかし、この村を中心とした周辺地域を含めて、五〇〇を超えるワイナリーがある。葡萄の品種は、ネッビオーロという一三世紀頃からこの地方で作付けされていた土着品種である。この辺りには三本の川が流れ、複雑に隆起する丘陵地帯が連なる。隣接する土地でも地質や地形の違いによって、産出されるワインはまったく別物になる。

バローロのワイン畑は、バルバレスコよりも標高が五〇メートル高く、霧の影響で日照時間が短い。これが長期熟成に適した葡萄を産む。逆に、バローロの葡萄よりも多くの太陽を浴びて育つバルバレスコの葡萄は、ふくよかなワインに仕上がる。そこから「ワインの女王」の異名が付けられた。バローロもバルバレスコも、この名前を名乗るためには、DOCGの規格をクリアしなければならない。葡萄の品種はネッビオーロのみである。バローロの熟成期間は最低三八ヵ月。そのうち一八ヵ月は樽熟成しなければならない。バルバレスコの場合は二六ヵ月の熟成期間で、その内九ヵ月の樽熟成が義務付けられている。生産地はバローロはバローロ村とその周辺の一一のコムーネ（自治体）に限られ、バルバレスコはバルバレスコ村を含む三つのコムーネである。ほかに、畑の土壌成分と標高、葡萄の樹齢など細かく規定されている。厳格な規定が、産品のブランド力を高めている。

こうした銘ワインも、名声を得るまでには多くの努力の積み重ねがあった。ネッビオーロ種のワインは、元来は微発砲の甘いワインだった。今のような辛口に生まれ変わったのは、まさにイタリアが社会変革を起こそうとしていた時代だった。国家統一後に初代首相となったカミッロ・カブールは、ピエモンテの小さな農村の村長だった。その頃、彼はフランスの醸造家を村に招聘し、新たな醸造技術を導入していた。この挑戦によって甘口のネッビオーロは、今につながる長期熟成の、フルボディの辛口に変わったのである。その後、バローロの名声が確立されたのは、統一国家の宮廷で提供されるようになったためである。そこには、当然、首相カブールの介在があった。銘ワインのバローロの誕生には、時の覇権者サヴォイア家を中心とした国家統一の動き、海外（フランス）からの新技術の導入、農村の再生を願う村長（後の首相）の存在があったのである。

しかし、「バローロの物語」はここで終わらない。人の嗜好は時代とともに変わる。一九六〇年代後半、ワインが大衆化し、ボジョレー・ヌーヴォーのようなフルーティで早飲みのワインがブームになった。バローロの最低熟成期間は三八ヵ月だが本当にバローロらしい味になるには一〇年は必要とも言われる中で、そうした長期熟成の高額ワインは時代遅れになった。そうした時流に抗し、何とかその状況を打破したいと立ちあがった若者たちがいた。「バローロ・ボーイズ」と呼ばれる生産者たちである。コンサルタントのマルコ・デ・グラツィアが先導し、それまでの、長時間のマセラシオン（葡萄をつぶした後、果汁と皮と種を一緒に漬け込んでおくこと）、大樽長期熟成という伝統手法を見直し、フランス・ブルゴーニュ地方の熟成法を採用し、新しいタイプのワインづくりに向かった。短期マセラシオンでバリック（小樽）を使用し、早飲みで果実味のある「モダン」なバローロワインである。彼らがつくったバローロは、ボジョレー・ヌーヴォーの旗振り役としても有名なワイン評論家ロバート・パーカーなどの支持を得るとともに、アメリカを中心に高評価を受けて、一大ムーブメントを引き起こした。

反面、伝統的な手法を守るバローロのつくり手たちもいる。「伝統派」と呼ばれる。ワインソムリエやワイン批評家の間で「モダン派vs.伝統派論争」が巻き起こり、バローロの知名度はさらに上昇した。ただ、両者が対立しているわけではない。バローロ・ボーイズたちは、決して伝統派との対立を望んではいない。

二〇世紀後半のワイン生産は、大量の葡萄を買い付け、大規模に生産する大手ネゴシアン（ワイン商）の寡占状態になっていた。葡萄を栽培し醸造する小規模な自家栽培ワイナリーは、どう生き残っていくのか、岐路に立たされていた。モダン派は、これまでのバローロとは違う価値を創り出すことで、世界的な評価を得ようとした。その思いは、伝統派の気持ちと違いはなかった。ワインづくりを通じて地域の発展を願っている点は、双方に共通している。

社会情勢によって、人々の嗜好も価値観も変化する。最近、日本では若者のビールや日本酒などのアルコール離れが指摘されているが、イタリアでも同じ傾向がある。図表2の通り、

図表2　イタリアの飲酒者全体に占める常用飲酒者の割合

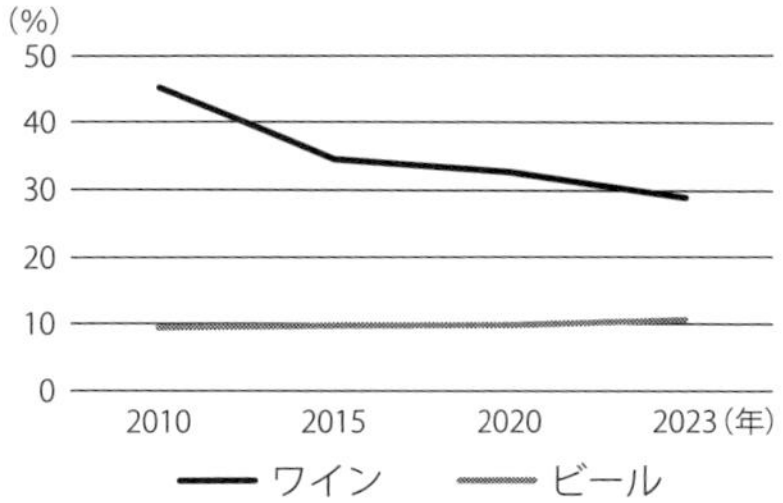

I numeri del vino, “Il consumo di vino e bevande alcoliche in Italia – aggiornamento ISTAT 2023”

ワインを常用飲酒する人口は二〇一〇年の四五％から二〇二三年にかけて二九％に減っている。また、フォーブス・イタリアは「ワイン業界の消費減退に警鐘。若い消費者を惹きつける仕掛け」と題し、現在（二〇二四年七月二十三日）から二〇三九年の間に、消費量は約一二〇万ヘクトリットル減少すると推定され、一五～三九歳のワイン消費量は二〇一〇年の三七％から現在は二六％に減少していると報じている。また、イタリアオンラインワインマガジン「Wine Meridian」によると、二〇二二年の統計では、ワイン飲酒者数は二〇〇八年と比べて、

二五〜三四歳で三八％、三五〜四四歳で五〇％減少している。そうした中で、売り上げを伸ばしているのは自然派ワインと呼ばれるものである。イタリアのワインジャーナリスト、ジャンパオロ・ジャコボによると、イタリアのレストランでは、店に置くワインの五〜一〇％は自然派のものだという（イタリアワインジャーナル GeniusLoci）。保存料や添加物を一切使用せず、できるだけ機械に頼らずに醸造する。このように、伝統・モダンの範疇を超えるようなさまざまなワインが登場し、これまで強かったブランドでも、選ばれるためには試行錯誤が必要となっている。バローロも醸造方法は多様化し、モダン派、伝統派の間に明確な区別はなくなった。これまでは、バローロ産地のいろいろな畑で収穫された葡萄をミックスして醸造していたが、昨今は混ぜずに、それぞれの村で収穫した葡萄だけを使ってつくる。それによって、村の個性を打ち出せる。そうしたワインの中から、自分の好みに合った一本を見つける、という特別性は、バローロ・ファンをさらに惹きつけることにつながる。

銘ワインは、しばしば危機に直面し、しかし、革新を通して名声を確立してきたのである。伝統は、継承するだけでは続かない。新たな手法、価値を創造し、絶え間ないイノベーションを繰り返してよみがえるのである。

ピエモンテには、ワイン以外にも世界の人々がこぞって手に入れようとする食材が多くある。バローロの産地でもあるアルバ地方には白トリュフがある。トリュフと言えばフランス産も有名だが、その多くは黒トリュフである。生食向きの香り高い白トリュフは、ピエモンテの特産である。地元の人たちは「白いダイヤモンド」と呼ぶ。

アルバでは、九〇年ほど前からトリュフの大きさを競う品評会が開催されている。毎年一〇月頃に開催される白トリュフ祭りの期間に、国際オークションが開催され、どのぐらいの高値が付くかがニュースになる。コロナ禍の二〇二一年にも開催され、八三〇グラムの白トリュフが一〇万ユーロ（約一三〇〇万円）で競り落とされた。落札したのは香港のイタリアンシェフだった。一ヵ月間開催されるトリュフ祭では、食べ比べや有名シェフによるクッキングショー、銘柄ワインや特産ヘーゼルナッツの販売会がある。秋のアルバには、世界からグルメが集結し、アルプスの麓で大地の恵みを満喫する。

コラム　イタリアワインの格付け

二〇世紀に入って、ワインが量産されるようになった。それにつれて格付けの仕組みが制定された。イタリアで格付けが導入されたのは一九六三年。原産地呼称管理法というイタリアワイン法が制定された。最上級はDOCG（一九八四年に追加）、続いて、DOC、IGT（一九九二年に追加）、VdTと四つのカテゴリーに分けられている。それぞれの定義は図表3の通りである。

二〇〇九年にはEUのワイン法によってイタリアのワイン法も改定され、今は食品の地理的表示と同じくPDO（原産地呼称保護ワイン）、PGI（地理的表示保護ワイン）、Vino（ワイン）の三つの格付けになっている。ただし、より厳選された上級ワインの証として、

図表3　イタリアワインの格付け

DOCG：統制保証付原産地呼称ワイン **（Denominazione di Origine Controllata e Garantita）** 最も格が高く、最低5年はDOCの認定を受けていなければならない。農水省や商工会議所の化学、物理分析検査を受け、基準を満たさなければならない。DOCGの認定を受けたワインはボトル一つ一つに証明シールが貼られている。
DOC：統制原産地呼称ワイン **（Denominazione di Origine Controllata）** 葡萄の栽培から出荷まで、すべての工程で規定がある（産地、栽培方法、葡萄品種、最大収穫量、最低アルコール度数、熟成方法など）。この規定に基づき、審査が行われる。また、瓶詰めの前にも、規定された必要条件を満たしているか、化学、物理分析検査が商工会議所によって行われる。
IGT：地域特性表示ワイン（Indicazione Geografica Tipica） ワインの名前には、生産地名が使用される。その土地で栽培された葡萄を85%以上使用しなければならない。
VdT：テーブルワイン（Vino da Tavola） 葡萄の品種、生産地の表記の義務はない。葡萄の品種、産地の縛りがなく、自由にブレンドできる。

DOCG、DOCやIGTの表示は認められている。

こうした格付けは、ワインを選ぶ際に一定の基準を保証するものである。ただ、格付けが上級になればなるほど製法が厳密に統制されているため、より理想のワインをつくるためにあえて格付けを申請せずに、Vinoとして販売するつくり手もいる。つまり、PGIやVinoであっても、DOCGよりも高品質なワインが存在するということである。

二〇二二年のイタリアのワイン産出量は五〇・三億リットルで世界一位。二位のフランスの四四・二億リットルを大きく上回る。二〇一四年頃までは、この両国が一位二位を争っていたが、その後は安定してイタリアが生産量を伸ばしている。南部では新規就農推進政策に力を入れた時期であるが、実際にワイナリーの数も増えている。ただ、生産したワインが安価で買い叩かれては元も子もない。いかにブランディングするかが重要となる。こうした格付けの仕組みは、新規参入の若手生産者にとって大切なブランディングのツールとなる。

全世界から若者が集まる小さな田舎町・ブラ

前章で紹介したスローフード運動も、ピエモンテで生まれた。その発祥の地は、小さなまちのブラ。白トリュフやバローロなどワインの生産でも有名なクーネオ県に位置する。スローフード協会本部は、アルチ・ゴーラ（29ページ参照）が拠点としていた建物にある。運動の原点を忘れないため発足当初から変わっていない。拠点は、そもそもオステリア・ボッコン・ディ・ビーノ――創設者のカルロ・ペトリーニとその仲間たちが夜な夜な集まって熟議を交わした居酒屋だった。最近は、観光スポットになっている。スローフードの理念である「美味しい・きれい・正しい」に則った食を提供している。食材の質はお墨付きだが、価格はそれほど高くない。おすすめの一皿は、前菜の生肉セット。生のサルシッチャ（ソーセージ）や牛肉のバットゥータ（イタリア語で「叩いた」の意味、タルタルステーキ）、ラルド（豚の背脂の塩漬け）の三点盛りである。品質が保証されていなければ、生なのでちょっと手が出せないが、オステリア・ボッコン・ディ・ビーノであれば安心して食べられる。

ピエモンテは牛も有名である。その中でもファッソーネはイタリア三大ブランド牛の一つである。古代からこの地で飼育されてきた在来品種である（三大ブランド牛として、他にトスカーナのキアニーナとエミリア＝ロマーニャのロマニョーラがある）。北部に集中しているのは、

スローフード協会　ボッコン・ディ・ビーノ

生肉の前菜皿

牛を育てるのに十分な飼料が採れるからである。南部では、羊や豚を多く飼っている。したがって牛肉料理は少ない。ファッソーネは、白い毛と発達した筋肉に特徴がある牛である。コレステロールが低く、軟らかく優しい赤みの肉質である。そのため、カルパチョやタルタルなど生で食される機会が多い。ピエモンテは食材の宝庫で名物料理が数多くあるが、ファッソーネの生肉料理は特に有名である。トリノでも、ピエモンテ料理を出す店では大抵メニューにある。ただし、新鮮な肉を提供する店を選ばないと、お腹の弱い人は翌日トイレに籠《こも》ることになる。

ブランド牛は、日本でも地域経済の活性化に寄与している。それはピエモンテでも同じだ。カルーという人口五千人足らずの小さな村では、牛肉のブランド化で村おこしに熱心である。毎年一二月に開催される肥育牛見本市は、三万人の見物客で賑わう。一九一〇年に始まり、一〇〇年以上の歴史があるこの見本市では、入賞した牛は即時販売され、後日、精肉屋の店頭に部位が並ぶ。当日は、入賞牛のパレードが開催される。村の中心地には移動販売車が並び、牛肉に加えてさまざまな食材や日用品が販売される。訪ねて楽しい祭りである。

オステリア・ボッコン・ディ・ビーノは、こうした質の良い地元食を求めて全土からやってくるイタリア人や外国人で賑わう。元気に給仕してくれるのは地元の若者である。このオステリアで働くことを誇りに思っていて、メニューの内容や料理に使われている食材について丁寧に説明してくれる。

スローフード運動の国際的な発展は、本部のあるブラを大きく変貌させた。それ以前は、静かな田舎町だった。地元民は、世界各地から人々が集まる国際的な食の拠点になるとは予想していなかった。スローフード協会は、食農教育に力を入れている。協会が掲げる運動の哲学に、「Co-producer（共同生産者）」という考え方がある。消費者は正しい食の知識を持ち、生産の現場を知り、良き生産者を支える存在である――それが持続可能なフードシステムを実現する、という考え方である。それには若者を Co-producer にするための食農教育が欠かせない。

最近のブラは、若い学生があふれるまちに変貌している。学術的な専門家、食のジャーナリスト、さらには政治家、起業家などが集まる食農イノベーションの発信基地になっている。

エトルリア時代から伝わるポー平原の食文化

中山間地域に近いピエモンテに対して、北部の食文化のもう一つの特徴は、パダーノ平原の肥沃な土地から生み出される豊かな食材にある。エミリア＝ロマーニャ州は、世界に誇るPDO／PGI産品が国内で最多である。それは豊かな大地に恵まれていることに加えて、知の拠点ボローニャ大学があることも、大きな理由である。

ボローニャを州都とするエミリア＝ロマーニャへは、ミラノから南下し、パルマ、レッジョ・エミーリア、モデナを通って到達する。この途中の三都市も、生ハム、パルミジャーノ・レッジャーノ、バルサミコ酢の特産地で、イタリア料理に欠かせない食材のまちである。また、農業だけでなく機械産業が発達している。モデナは、高級車フェラーリ生誕の地である。スポーツカーのマセラッティ、ランボルギーニは、ボローニャ生まれだ。機械工業の発達は、食品の加工産業も発達させた。エミリア＝ロマーニャには、パルマの生ハムを筆頭にモルタデッラ（ボローニャハム）、サラミ類、「生ハムの王様」と呼ばれるクラテッロなど、豚肉加工品が多いのは、食の伝統技法にプラスして食品の加工機械産業の発達が寄与している。

イタリアには、コトレッタという子牛のカツレツ料理がある。世界的には、ミラネーゼ

（ミラノ風）が有名だが、ボローニャにも郷土料理としてコトレッタ・ボロニェーゼ（ボローニャ風）がある。ミラノでは、薄く叩いた子牛を細かなパン粉でカリッと揚げる。特段ソースをかけず、塩胡椒で食べる。ボローニャでは、コトレッタにパルミジャーノをたっぷりかけてオーブンで焼き、その上にトマトソースが添えられる。

ボローニャのパスタは、ラザニア、肉詰めパスタのトルテッリーニ、タリアテッレといった卵が練り込まれた生パスタが名物である。ソースのベースは、オリーブオイルよりもバターで和える。イタリア料理には前菜として、生ハムやサラミなど豚の加工品を盛り合わせた皿「アッフェッターティ（薄切りの意）」や、チーズの盛り合わせがあるが、豚加工品が豊富なボローニャでは、その質も量もダントツである。チーズは、グラナ・パダーノやパルミジャーノなど、栄養分がぎっしり詰まったセミハード系のもの。本場では、薄くスライスするのではなく、大きなチーズの塊を、ピックナイフで氷を砕くように一口サイズに砕いて皿に並べ、熟成バルサミコ酢を垂らして食べる。プリモ・ピアット（第一の皿の意味。パスタやスープなど）では、タリアテッレのように卵を練り込んだパスタに肉ベースのソース、チーズもふんだんにかける。メインには猪の肉の煮込み料理。ボローニャの郷土料理を並べると、全皿において肉が主流となる。どれも美味しいのだが、濃厚な肉料理が続くと日本人には少々重過ぎるメニューで、最初はいいのだが、二日目には、あっさりしたスープかサラダが欲しくなる。

そうしたエミリア＝ロマーニャの生ハム文化――つまり、人々が豚と暮らす歴史は、エトルリア時代から連綿と続いている。この地域の人々が豚に対して懐《いだ》く気持ちは特別で、生活に欠かせないかけがえのない存在になっている。神格化されることもある。筆者が豚肉加工生産者ビッラーニ社を訪れた際に、立ち寄った教会の正面広場に豚の像が立っていた。教会の広場に豚の像があるのは、この地方だけであろう。

教会の前の豚の像

それほど生活に浸透している豚加工だが、その生産者も多様である。一日何万本もの豚の脚を処理する業者がいる一方、ジベッロ村のクラテッロのように、限られた時期にしか生産できない希少なものもある（冷蔵庫がなかった時代に、気温に合わせて一〇月から二月までに製造した）。その製法や品質を証明するため、PDO認証がある。生産者を直接知らなくても、PDO認証商品であれば、その土地に伝承されてきた昔ながらのやり方で丁寧に生産されていることがわかる。消費者は、このPDOを信用し、工業的に量産されたものではない、正真正銘の本物を選ぶことができる。

伝統食をこよなく愛するイタリアでも、若者の間では、ファストフードが浸透している。好物というよりも、ファストフード店は人が集まるのに広く、安価で長居できる場所という事情もあろう。エアコンが効いた店内は、お金のない中高生にとって、居心地の良い「第三の居場所」となっている。日本より少子化が進むイタリアでは、子どもは一人っ子が多く、家に帰るよりも友達と一緒に外で過ごす時間が多いようだ。

一九九〇年代に女性の社会進出が進んだ。以前のマンマのように、家族のための料理に時間を捧げる、といった文化が影をひそめ、ライフスタイルが多様化した。母から子、孫へ引き継がれる郷土料理や伝統的な食材の知識が継承されなくなった。何が本物なのかを、見極める目も舌も育たなくなる。

エミリア＝ロマーニャは、水が豊富で肥沃な平野が広がり、豊かな食材が揃う。営農条件が他地域よりも有利である。それがイタリアでいち早く資本主義的営農が発達した要因だった。フランスやドイツなど先進国が資本主義的営農を発達させていた一九世紀半ばに、イタリアはやっと国家統一を果たした。農業は脆弱だった。その中でエミリア＝ロマーニャではいわゆる農業の近代化、すなわち大資本による農業の大規模化や機械化が進展していった。

しかし、資本主義的営農には問題がある。農業者は、穀物価格が低迷すると、EUや政府からの補助金獲得のために、広大な農地をバイオエタノールの原料となる単一のトウモロコシ畑に転換してしまい、モノカルチャー的な営農が横行する事態となった。そうした農業は、世論から厳しい批判を受けたこともある。

ただ一方で、こうしたモノカルチャー的な営農は、アメリカやヨーロッパの農業大国では主流である。補助金を獲得したり大規模化して効率を上げたりしなければ経営として成り立たない、という現実もあるのだ。エミリア＝ロマーニャ州は、イタリアの中でも数少ない平野部が広い地域であり、大規模化しやすいことと、資本を保有していたことによって例外的に実現できた。しかし、それをイタリア人消費者たちは喜ばないのだ。それは、食文化や景観を壊してしまうからだ。しかし、こうした声が上がるのは、国民の多くが食や農に関心を持ち、大量生産ではないイタリアならではの食や農の在り方に価値を見出しているからこそであろう。

2　伝統×若者——食の新たな価値創造へ

高度経済成長の恩恵を受けた北部だが、農村地域では過疎化・高齢化により農業の衰退、農地の荒廃が進む。半面、危機的状況に直面しながらも、伝統を継承しつつ新しい価値を生み出し、農村再興に挑む人々も少なくない。本節では、そうしたソーシャル・イノベーターの取り組みを通して北部の食文化の奥深さと多様性を考察する。

過疎地のワイナリーで景観を守る二人の若者

トリノから車で小一時間。アルプスの麓にある小さな村セッティモ・ビットーネ。伝統的な「山のワイン畑」の復活に取り組むソーシャル・イノベーターを取材するために訪ねた。案内してくれたのは、当時、トリノ工科大学の博士課程の大学院生だったビアンカ・セアルド。彼女の研究テーマは農村景観の再評価で、この村のワイナリー経営者の妻でもあった。

村の周りは聳《そび》え立つ山々だ。イタリアは丘陵地が多く、ワイン畑も急勾配の斜面に広がっているのは珍しくない。しかし、ここのワイン畑は、急勾配というよりほぼ絶壁。切り立つ山に沿って積み上げられた石垣に、葡萄の木が植えられている。ビアンカの夫リカルド・プローラの六世代前の先祖が、ここにワイン畑を切り拓いた。

リカルドは一人で、長年耕作放棄されていたこの「山のワイン畑」を復活させるべく、二〇一六年、ワイナリー「フィリエージュ（Figliej）」を立ち上げた。手間をかけて一本一本葡萄の木を植樹した。葡萄の木を支える棚の修復には、重い石を担いで坂道を登った。石の柱に棚を据え、水平にして葡萄を栽培する。この地域にしかない独特の栽培法である。狭い土地で収穫量を増やすための、先人の知恵である。これが唯一無二、素晴らしい景観をつくる。昔は、この山地に、棚田のように平地をつくるために石と土を担いで登ったのは女性だったという。

山の上のワイナリー

興味深かったのは、「山のワイン畑」では、ワインづくりをエコシステムを維持する手段と考えていることだった。一般的にワインのつくり手は、当然、ワインづくりに徹する。伝統的な醸造法を試したり、革新的な技法を取り入れたりする。しかし、リカルドたちは、辺境の伝統的ワインづくりを復活させることで、その地域の生物多様性を維持し、生態系の保全を実現することに重きを置いたのだ。この思いが副次的な付加価値を生み出し、景観の維持につながったのである。彼らの土地には、葡萄の木だけでなく、牧草、栗林、果樹が混在している。これらの樹木が相互に連関しながら、今の景観を守ってきた。一七〇〇年頃から引き継がれてきたものだったが消滅の危機にあった。それをリカルドたちが復活させたのである。生物多様性のエコシステムで育まれたワインは、画一的に量産されたものと比べて芳醇であり、当然のことながら、健康的である。

「山のワイン畑」のキーワードは、「Vitiforestry（葡萄林業）」と「Agroforestry（混農林業）」である。葡萄の木と一緒に植えている栗の木は蔓棚の修復に使う。その木々の根っこが水の涵養につながる。地面に木陰をつくるので、葡萄の花の受粉を促す生物が増え、CO_2削減にもなる。この数年では、桃の木も混植している。

フィリエージュのワインは、今注目されているナチュラルワインである。その中でもネッビオーロのワインは、トリノのミシュランの星つきレストランにも卸すほどで、全国区のブランドに育ちつつある。それでもワイン用の葡萄づくりが、彼らにとっては、歴史的景観を維持・継承していく唯一の方法だったのである。

コラム　進む若者移住――トリノ大学と限界集落の連携

「田園回帰」が進展している。都市部で生まれ育った人々が、都会の喧騒を逃れ、オルタナティブな暮らしを求めて移住する動きである。行き過ぎた資本主義社会の歪みが顕在化した時に、それに反発する社会のダイナミズムとして現れた。日本も、バブル経済の崩壊時、阪神・淡路大震災など未曽有の災害が連発した一九九〇年代、今世紀に入ってからは二〇一一年の東日本大震災、二〇二〇年からの新型コロナウイルスのパンデミック――などの危機をきっかけに、田舎暮らしを始める若者や定年退職組が増えた。二〇一四年からは地方創生の名のもとに、地方移住を推進する国家政策も注目された。例えば、「地域おこし協力隊制度」は、大都市に住む若者が期限付きで地方に移住し、地域活性化の活動を行った後にその地に定住するよう促すものであるが、今や過疎地域の活性化には欠かせない存在になりつつある。ただ一方で、田舎コミュニティの風習やルールを理解しないままに移住し、いろいろな軋轢を生んでしまったり、また、仕事がうまく見つけられなくて、都市に戻ってしまうケースも珍しくない。

イタリアでも、田園回帰が進んだ。政府も、田園回帰を加速させる施策を打っている。若者の農村移住と農村での起業を促進・支援するいくつかのプログラムがある。また、EUの農村開発政策の一環として広域で実施されるものや、各自治体が各地域の内情に合わせて実施しているものもある。

ピエモンテは、アルプスの山岳地域を有するが、そうしたアクセス不利地域にある限界集落が問題となっている。州政府は、山村に移住を希望する若者を募り、移住と起業支援事業をしている。この施策「Vado a vivere in montagna（山で暮らそう）」は、山の空き家を改修して住むことを条件に、起業を支援するメンターを紹介し、事業計画の策定をサポートする事業で、移住先の物件も斡旋する。起業では、放牧業や農業、地元の人が集うバールの運営、農山村の伝統産業の継承を推奨している。

二〇二二年には、五七一件の申請があり、三〇二家族（個人も含む）が採用された。日本の地域おこし協力隊の場合、一都道府県で一九名程度であるから、少なくない数である。空き家改修のための支援金は、最大で四万ユーロである（日本でも、移住者の空き家改修に補助を出す自治体も多いが、一八〇万円程度である）。この事業は、元来、民間団体と大学の研究者が連携し、銀行など、ファンドを集めて実施されていたものである。都市部から移住し、山の暮らしに慣れるのは難しい。プログラムでは、社会的企業のインキュベーション（事業の創出を支援する活動）を手掛ける中間支援団体が、移住先でのお試し生活をする上での悩みや疑問に答えてくれる。そしてワークショップでは、移住者が自分のやりたいことや移住の目的を明確にし、移住後の生活を具体的にデザインできるような内容を提供している。このように、山の暮らしを理解した上で本格移住できるように組まれている。

日本でも、昨今はお試し移住など、一週間～一ヵ月移住先に滞在できるような制度も設けているが、移住者のマインドセットにまで踏み込んだような取り組みは採られていない。一方、地域おこし協力隊制度に関しては、隊員を受け入れる自治体が、非営利組織などに募集段階から業務委託して、移住に際するケアや活動のサポートをしているケースもある。

伝統手法によるシャンパーニュよりも上品に――プロセッコ

誕生日や祝いの席では、最初の乾杯はシャンパーニュが多い。細長いグラスの中で気泡が湧き出る様子はエレガントな気分にさせる。しかし、少々値が張る。代替酒としてスプマンテ（スパークリングワイン）は、それほど高くない。それでいてシャンパーニュと同様、「さあ、食事を始めるぞ」といったワクワク感を与えてくれる。イタリアでは、アペリティーボ（食前酒）でよく飲まれる。辛口のスプマンテの代名詞と言えば、ヴェネト州のプロセッコである。イタリア中のどこのバールでも「プロセッコ」と注文すれば通じるほどに浸透している。しかし、スプマンテとしての歴史は意外に浅い。

プロセッコの産地でも、DOCGを生産しているワイナリーは少ない。ここでは、上品で、飲みごたえのあるプロセッコのつくり手を紹介する。

ボルトロッティ（Bortolotti）社は、筆者の元上司であるミラノ在住四〇年というイタリア通のファッション・コンサルタント一押しのワイナリーである。彼女は、日本から出張してくる仕事仲間や客を自宅に招いた際、常にこれを出していた。

プロセッコのワインの生産は、ローマ時代に遡るが、当時、北の石灰質の土壌でつくられる美味しいワインとして有名だった。プロセッコ産地はイタリアの北東、今のトリエステの近郊に位置している。ローマから遠い。しかし、「長寿につながる」と言われ、初代ローマ皇帝の妻リヴィアが愛飲した。彼女が老後まで健康を保てたのは、このおかげと語られている。その後、栽培は一四世紀に最盛期を迎えた。しかし、一八世紀には、トリエステの都市化が進み、葡萄畑は徐々に縮小されていった。

プロセッコが優れたワインをつくる葡萄として再び脚光を浴びるのは、一九世紀、国家統一時代である。イタリアは富国強兵をめざし、大学や研究所の開設を急いだが、ワイン醸造所や葡萄栽培研究所もこの時期に多く設置された。一八七六年に国内初のワイン醸造学校チェルエッティ・ディ・コネリアーノ（Scuola Enologica "G. B. Cerletti" di Conegliano）が、プロセッコの中心地コネリアーノに設立された。

トレビーゾ地方のワイン推進活動団体のトレビーゾ・ワイン協会（Società Enologica Trevisana）は、この醸造学校と協働して、一帯の土着品種の葡萄やワインづくりを継承する活動を行っていた。学校の設立と協会の活動が連携し、今のプロセッコを誕生させることになったのである。

協会は、土着葡萄品種の保存と継承のために、各品種の葡萄を網羅的に試験栽培し、より品質の良いワイン醸造のための栽培地選定を行っていた。そこで最適とされたのが、コネリアーノとバルドビアデーネの二村だった。スプマンテの最大の特徴は二次発酵で生成する泡にある。プロセッコをつくるにあたっては、瓶内で二次発酵させるシャンパーニュ方式ではなく、大樽で二次発酵する方法が採用された。それが重要なイノベーションになった。この方式は、一九一〇年にフランス人のユージン・シャルマが発表したことで「シャルマ方式」と呼ばれていたが、実はその手法は、一八九五年にイタリア人のフェデリコ・マルティノッティによってすでに発明されていた。したがってイタリアでは、シャルマ方式のことを「マルティノッティ方式」と呼ぶ生産者も少なくない。

この発酵方法があったからこそ、世界を魅了するプロセッコを生み出すことができた。この方法は、樽での二次発酵を可能とし、同時に熟成の時間を短縮できる。それが、葡萄の持つ優雅さと洗練された香り、そして豊かな風味をワインにもたらす。生産量を安定的に増やすこともでき、リーズナブルな価格での生産、販売を可能にしたのである。

二〇世紀を迎え、北部は工業が発展し、農村が衰退した。プロセッコの産地も衰退した。第二次世界大戦では、多くの農民が軍隊に取られ、農村はさらに疲弊した。しかし、社会には反転力が内在している。衰退の極みで、村の人々は「人間にとって何が大切であるか」に気づいた。その時、失われつつあった美しい景観をよみがえらせ、農業を復活させるという強いエネルギーが生まれた。村の復興を志す仲間たちの思いが、前述したワイナリー、ボルトロッティを誕生させることとなった。

バルドビアデーネ（カラー口絵参照）では葡萄を栽培していたが、ワイナリーはなかった。創始者であるウンベルト・ボルトロッティは、醸造学校を卒業後、一九四七年にワイナリーを立ち上げることを決めた。工業社会になるにつれて人口流出が加速し、農村が衰亡の瀬戸際に立たされたことに危機感を抱き、ウンベルトは仲間を誘った。彼は儲けること以上に、景観を守りながら村の復興と存続を希求してワイナリーを創設した。

その後、プロセッコは、ブドウ品種としての栽培のしやすさと市場の人気を背景に、ヴェネト、フリウリ＝ヴェネツィア・ジュリア州各地に工業的に大量生産するメーカーが出現するようになった。この乱立に抗し、DOCを名乗れるのは、伝統的栽培方法でプロセッコを育てている地域のワインに限定される。さらにDOCGの獲得は、コネリアーノとバルドビアデーネ産に限定され、葡萄の木の樹齢や栽培方法まで細かく規定されている。葡萄の栽培では、雨が降らない時でも、人為的に水散布できない。こうした伝統的農法を守り抜くことで独特の景観も保持される。二〇一九年には、この二つの村は、その伝統的農法による景観が評価され、ユネスコ世界遺産に登録された。

二〇〇九年にプロセッコはDOC登録され、飛躍的に市場を拡大した。さらに世界遺産登録を追い風に、ヴェネト州一帯にプロセッコの葡萄畑が急速に拡大し、工業的生産も増大している。世界遺産の村には、週末、各地から訪れる観光客のためにワインショップ、レストランがラッシュ気味に建設されている。ボルトロッティ社のマネージャーは、「世界遺産登録後、村はいい意味でも悪い意味でも急激な変化を遂げている」と言う。気候変動の影響も垣間見られる。コロナ禍が一定の落ち着きを見せた二〇二二年に筆者が訪れた時、マネージャーは「ここ数ヵ月も雨が一滴も降っていない。生まれて初めての経験だ」と話していた。原因不明の葡萄の病気が流行り、感染した葡萄の木は焼却され、山の一体が黒くはげ山のようになっていた。

イタリアでも、干ばつや雹《ひょう》、大洪水など自然災害の発生頻度が増している。生産者は、オリーブの木、葡萄の木の害虫被害など、先の読めないリスクを背負い、持続可能な経営のために難しい舵取りが求められている。

ボルトロッティ社は、伝統のワインづくりを守る一方、こうしたリスクに対峙するためにさまざまな最新技術の導入、人材育成に力を注いでいる。その司令塔として、会社のマネージメントを一手に引き受けているのは、現社長ブルーノ・ボルトロッティの甥、ダニエッレだ。「元々、ワインづくりには興味はなかった」と言う。彼は、大学でマーケティングを学び、他のビジネスに就くことを考えていた。ところが、父親が急逝し、ワイナリーには叔父のブルーノしかいない、という事態に直面した。そこで故郷に戻って一緒に働くようになった。やがて叔父のワインへの情熱に感化され、プロセッコのワイン畑をこよなく愛するようになった。今は村で期待の若手の星である。自社商品のブランディングや新商品開発にアイデアを巡らせる。

フランス・ブルゴーニュのグラン・ヴァンのように、一つの畑から採れる葡萄だけで仕込み、ボトルのラベルに畑の名前を記載して他のプロセッコワインとの差別化を図った。一本数百万円するような銘ワインの産地でもない、大量に生産消費される産地では考え付かない発想だ。七〇年にわたって昔ながらの葡萄づくりを継承してきた畑一つひとつを主役にすることが狙いでもあった。これによって、海外高級レストランなどの売り上げを伸ばすことができた。一方で、品質を保つためにＩＣＴの活用にも意欲的であり、ワインの発酵度合いなどをデータ分析して管理する新しい技術も導入した。

ボルトロッティ社のダニエッレ

彼は、村全体の課題解決にも熱心である。手入れが行き届いていない畑が多くあり、高齢化と人口減少はここでも大きな課題だ。一方、外国人や企業が耕作放棄地や空き家を購入し、ワイナリーを立ち上げる事例も増えている。世界遺産に登録されてからは、その動きが顕著である。村のコミュニティが変容していくことに危機感を抱き、ダニエッレは地元農家たちとの間でコミュニケーションを積極的に取っている。景観をかたちづくる葡萄の木の病害は、解決が迫られる最重要課題だが、原因を解明できず、農学者と頻繁に連絡をとる状態が続いている。新しい情報があれば、村民と研究会を開催し、解決の糸口を探る。

彼は、「子どもたちにこの風景を残したい」と語る。ここでも、ワインづくりは、美しい景観を次世代に継承するためである。

暮らしの質を保障するスローシティ

イタリアでは、小さな都市や村がネットワークを形成し、田舎の魅力を維持・発信しようとする動きが活発である。その一つに、スローな暮らしができる小都市を認証するスローシティ連合がある。スローフード運動に共鳴した市長四人が、「市政にもスローフードの理念を取り入れ、その地域ならではの質の良い暮らしを守っていこう」と立ち上げた。筆者は、いくつか訪れたが、キャベラーノ（Chiaverano）という人口二一五〇人の村を紹介しよう。トリノから北東に五五キロメートルほど、ここでは、セーラ（Serra＝山脈）というアンフィテアートロ（円形劇場）型氷堆石の山脈が二五キロメートルにわたって楕円状に広がる景色が素晴らしい。ここのセーラは、ヨーロッパ最大級で、ＥＵがエコミュージアムとして認定している景勝地である。村の中心部には、中世に築かれた石垣が張り巡らされ、当時の風景を今にとどめる。周辺に広がる森には、五つの湖、中世のお城と教会が点在する。こうした大自然の中にアグリツーリズム施設が数軒ある。

キャベラーノのアグリツーリズモ施設・カンパネッタ

筆者はそのうちの一軒「カンパネッタ」を予約したのだが、到着時間を連絡せずに訪ねた。入り口らしき大きな門は閉まっていた。呼び鈴を鳴らしても誰も出てこない。とりあえず連絡先に電話したのだが、「主人は用事でトリノ」だという。「共同経営者が近くで働いている。昼には仕事が終わるので、その頃に戻ってきてほしい」と言う。しかし、森の中である。バスが一日に数本しかない。二時間ほど周りを散策したのだが、この思いがけない散歩が身体や心を浄化してくれて、心地よい時間を過ごした。少し歩くと森が開けて湖が広がる。時々、ランニングしている

経営者クラウディアとキアーラ

人とすれ違い、散歩している人もいる。ある程度の標高から眺めるセーラは、山脈が水平線に連なり、快晴の青い空に映える。

昼過ぎに戻ると、ショートヘアでジーパン姿、気さくな感じの女性（クラウディア）が迎えてくれた。近所の病院で看護師として、週三回働いている。この施設は、二人の女性による共同経営で、もう一人（キアーラ）はトリノ市役所に勤める。ハイシーズンのバカンス時期はアグリツーリズムに専念し、オフシーズンは週の半分を市役所、病院それぞれの仕事に従事する。出身地が違う二人がアグリツーリズムを始めたきっかけは、「都会の喧騒を逃れ、暮らし方を変えたい」と思っていたところ、「意気投合できる相手が偶然見つかった」ということだった。運よく中古物件が売りに出されていた。「結果的には、行き当たりばったりで共同経営することとなった」と笑っていた。

アグリツーリズム法には、宿泊用の建物の外観や設備要件などが定められている。さらに、食事はできるだけ自家製食材や地元食材、ＰＤＯやＰＧＩ認証を受けている飲食物、有機農産物を提供する、など細かい規則がある。宿泊施設と宿泊者が農業体験できる農地があればよい、というわけではなく、農村の暮らしの「豊かさ」を体験できる、ということが重要なのである。そのためには地域性を活かした食文化を楽しめる観光施設でなければならない。

昼を食べ損ねたので料理をお願いすると、自家製トマトソースの手打ちパスタを出してくれた。バジリコとチーズで味付けしたパスタだったが、素材が良く、美味しかった。夕食は、前菜には地元産の牛、羊、山羊のチーズ、近所でつくっているサラミ類、ポレンタというトウモロコシの粉を練った焼き物が出た。プリモ（第一の皿）にはラビオリ、セコンド（メイン）には猪のシチュー。地元産ワインも飲んだ。翌日の朝食は、自家果樹園で採れた果物でつくったジャム、それに夕食に出たチーズとサラミ。どれも都市部では食べられない芳醇な香りの逸品だった。セーラの絶景を眺めながら散策を楽しみ、食事は自家農園で採れた野菜や地元食材を使った地域の伝統料理などを味わう。贅沢な投宿になった。

Ｉターンの彼女たちは、農業については素人である。最初は野菜の栽培方法もわからず、収穫も乏しかったという。近所と馴染むのも大変だった。看護師として地元クリニックに勤め、その働きぶりが評判になり、ご近所づきあいが始まったのだそうだ。その後は一年足らずの間に、地域の人々が農業指導をしてくれるようになった。施設の修理も手伝ってくれる。

そういう親しい関係になった。

「客を迎える」というより「仲間を迎える」といった、彼女たちの気負いのないおもてなしは、懐かしい場所に帰ってきたような気持ちにさせてくれる。都会暮らしをしてきた彼女たちは、都会からの来訪者が何を望んでいるのかよくわかる。

昨今、イタリアでは、若者が農村に移住し、アグリツーリズムを始めるケースが増えている。二〇二二年の全土でのアグリツーリズム施設は約二万六〇〇〇軒になり、二〇一九年度から五・二％増加している。コロナ禍以降の傾向として、アグリツーリズムの施設ではただ宿泊するよりも、ケータリングや試食会、多世代を対象とした食育ツアーなどの活動が伸びている。特に食農教育を実施しているアグリツーリズムの数は、二〇二三年は三四三八軒で、二〇二一年と比べて約八％増加している（ISMEA, AGRITURISMO E MULTIFUNZIONALITÀ, RAPPORTO 2024より）。これは、社会的農業というカテゴリーに当たり、こうした施設は助成対象となる。イタリアも日本と同じく、農産品の生産・販売だけで食べていくことは難しい。このようにさまざまな事業を展開して何とか経営が維持できているのである。

イタリアでも、農家の減少と高齢化は深刻である。イタリア農業調査研究情報局（ISMEA）の調べでは、二〇二二年の一五～三九歳の農業人口は、二〇一二年から四四％減少しており、これはEUの平均値二〇・九%を大きく上回っている。対策として四〇歳以下の新規就農者に補助を出す制度がある。おかげで新規就農者が増えている。EUの調べでは、若者の農業従事者が増加している国は、イタリアのみであった。イタリアの生産消費動向研究センターのDivulgaの二〇二二年の報告書によると、若者（三九歳以下）が経営する農林水産業の事業者数は五万五〇〇〇社で、全登録事業者数七二万一〇〇〇社超の八%を占めている。過去一〇年間で、若者が主導する農業ビジネスの数は一%増加しているが、他の生産部門はすべて平均マイナス一三%であることを踏まえると、若者は農林水産業をビジネスチャンスとして捉えていると言える。実際、カンパネッタの宿で飲んだワインのつくり手は、Uターンして農業法人を立ち上げた新規就農の若者だった。

ワイナリーの名前は、自分の名前からとって「テッレ・スパルセ・ディ・マテオ（Terre Sparse di Matteo）」。マテオは、子どもの頃に祖父と一緒に農作業した思い出を忘れられず、父親が定年で食品店を閉めたのをきっかけに農業法人を設立したという。当時、トリノ大学農学部を卒業して間もなかった。自分でワイン醸造場とジャム加工場を建て、ワイン用葡萄や加工用果物・野菜の栽培、製造加工、販路の開拓まで一人でこなす。

マテオはキアーラとクラウディアの良き相談者であり、協力者でもあった。女性たちには難しい力仕事を手伝い、代わりにワインを宿泊客に販売してもらったり、ワイナリーの見学案内をしてもらったりする。

始めたばかりのワインづくりだが、すでにカナベーゼワインとしてDOCを獲得した（カナベーゼ〔Canavese〕はイヴレア〔IVREA〕を中心としたピエモンテ州北西部に位置する郊外一帯）。販路の開拓に力が入る。夕食時のワインは、白も赤も嫌味がなく、スッと口に入って料理にぴったりだった。ついつい飲み過ぎてしまいそうな、フレンドリーさがあった。

彼は市役所の広報業務も担っていた。「スローシティの調査に来た」と伝えると、車で村の案内をしてくれた。一一世紀につくられた石壁、村全体を展示場に見立てた絵画展など市の取り組みを熱っぽく話してくれた。コロナ禍がひと段落し、再び訪ねることにした。すると、「別の村に来てほしい」という。残念なことにカンパネッタは閉業していたが、マテオは事業を拡大し、新たなプロジェクトを立ち上げていた。

その村はボルゴフランコ・ディ・イヴレア。キャベラーノからも車で一〇分足らずのところにある。家々が、聳え立つ山の岩肌に張り付くように建てられている。この地域にしかないバルメッティ（Balmetti）という独特の伝統的建造物である。夏でも室内は自然の冷蔵庫だ。バルの彼は、その立地特性を活かし、伝統的ワインセラーの復活プロジェクトを進めていた。バルメッティは、もともと山にあった氷塊が溶けて山が崩れ、空洞になった内部を利用して建てられた。山から常に冷たい風が吹き込み、夏は涼しく、反対に冬は氷点下にならない。年間一定の温度が保たれており、ワイン貯蔵にはもってこいである。

昔の人々は、洞窟を貯蔵庫として活用していた。この地方は、豚の血でつくったサラミが知られていた。それも自然の冷蔵庫があったからこそ生まれた郷土食である。

最近、マテオは仲間と一緒に、バルメッティを観光資源として再評価し、維持、伝承する活動を展開している。この団体はワインバーも週末と祝日に営業しており、バルメッティの中でワインを試飲し、テラスで地元食材を使った食事を楽しめる。マテオの母が料理を担当し、夫人と妹がホールを担当している。界隈は山岳地のため、チーズとサラミの種類が多い。伝統的なサラミにビーツを練り込み、鮮やかなピンク色にしたものがある（カラー口絵参照）。昔は豚の血を使ってつくっていたが、衛生上の問題から豚の血の使用が禁止

バルメッティの洞窟　マテオと洞窟のオーナー

された。地元の人たちは色鮮やかな似たサラミをつくろうと、ビーツを練り込むことを考え付いた。伝統を、知恵と工夫で残そうという模索だった。マテオの家族と一緒にランチをした時に、「いつでも帰ってきてね、あなたは家族だから」とマテオのお母さんが私を抱きしめてくれた。こうしたホスピタリティに触れることができるのも、アグリツーリズムの醍醐味である。

肥沃な土地が極上生ハムを生み出す伝統

ロンバルディア州からエミリア＝ロマーニャ州にかけて、ポー川を中心に四つの川が平野に横たわる。この肥沃な地域一帯は、エトルリア時代から受け継いだ伝統加工食品が数多くあり、ＰＤＯ／ＰＧＩ登録品目数が最も多い地域である。その中でも特に、パルミジャーノのようなチーズや豚加工品は全世界から、注文が殺到する。

こうした名声も、先人の知恵と努力の賜物である。同業者が組合をつくり、農畜産品の品質を高める努力、価値を高める工夫を絶えず行ってきたのである。

日本の農業協同組合（ＪＡ）は、物販から購買、共済事業、観光まで担う「総合商社」である。そのビジネスは生活全般まで深く浸透し、「ゆりかごから墓場まで」と言われる所以だ。一方、イタリアでは、特定の農産加工物生産者の専門協同組合が主流で、生ハム生産者協同組合もその一つである。品質維持のため豚の肥育から豚肉の生産、加工までの全工程にルールを設けて品質管理を徹底し、それをブランディング戦略と販売計画につなげている。そのため販売戦略は、組合の存続を左右するほどに重要である。

品質管理とブランディングの努力は、食材の価値を理解する消費者がいてこそ報われる。イタリア人の食に対するこだわりはとても強い。しかし、それでも、街角にはファストフード店があるし、スーパーマーケットの冷凍食品のコーナーは、日本よりも充実している。人々、特に子どもの味覚が劣化し、食材の価値を正しく判断できる消費者が減っている。

そうした状況を目の当たりにし、食文化の未来を憂い、新しいプロジェクトを始めた人物がいる。パルマハム協同組合会長の、豚をこよなく愛する大男、ジョバンニ・タンブリーニである。生粋のボロニェーゼ（ボローニャ人）でボローニャ大学経済学部を卒業した。

彼は、ボローニャにある人気の食材店「タンブリーニ（Tambrini）」の三代目で、旧市街地の一等地に店を構えている。ローストチキンやラザニア、パテなどの郷土料理の惣菜も並び、昼時や夕方には、客でごった返す。老舗店の社長だが偉ぶってはおらず、絶えず友達が彼の周りに寄ってくる。ジャーナリストや学者、俳優、芸術家……多種多様な職種の人たちがタンブリーニに会うために訪ねてくる。彼は、深い洞察力を持ち、ユニークな発想の宝庫なのである。

タンブリーニを有名にしたのは、彼の、郷土食、特に豚肉加工食品に対する深い思い入れである。彼は、「本物の味を求め、PDO／PGI認証を持つ生産者を全国の産地に訪ねている。実際に仕入れるかどうかは、その生産者の名声とは関係なく、心意気や人柄を信頼できるかで判断する」と語り、「本物の味を、適正価格で提供している生産者を『信頼できる生産者』と考えている」と言う。産地に通い、生産者と対話し、生産者と信頼関係を築くと同時に、市場動向や顧客の嗜好情報を生産者に提供し、製品の改善点を指摘する。そうして生産者の成長を促している。「生産者が育ってこそ、ボローニャに育まれた伝統的食文化も継承できる」と考えている。

彼はその発想力と実行力で、誰も考え付かないこと、あるいは無理だと思っていることをやってのける。老舗の商売に安住していない。

タンブリーニは、PDOやPGI認証の生ハムやサラミ、チーズ、パスタを提供する食堂とバールを、老舗食材店の隣に開店した。「ファストフードに染まった若者が、ふらっと立ち寄って、手頃な値段でボローニャの本物の味を味わってほしい」という願いからだった。

この飲食の空間を、居合わせた客の間で対話が弾むような居心地のよい「第三の場所」にするのが狙いだった。食材店で売る商品を、当該店か隣の店で食べられるスタイルは、スーパーマーケットEataly（PDO、PGI食材を取り扱い、世界中に店舗を展開する小売店）が二〇〇〇年代後半頃に普及させた小売り／飲食スタイルだが、タンブリーニが先駆者なのだ。

食材店タンブリーニの天井の吊りフック

タンブリーニのバールに集うジョバンニ・タンブリーニ（左から２人目）と仲間たち

筆者が初めて「タンブリーニ」を訪れたのは二〇一〇年頃である。タンブリーニ家はもともとは豚肉加工業を営んでおり、創業当時の豚加工の工房を改装して店を開いた。その記憶を伝えるために、食堂の天井に、処理した豚を吊るす杭をそのまま残していた。豚加工をエミリア＝ロマーニャの食文化として記憶に残してほしいとの思いからだった。

今では、食材店と飲食店を並べて営業する店が、まちのそこかしこにある。それでもタンブリーニの店には行列ができる。二〇〇七年にEatalyのボローニャ店が近くに出店した。「脅威ではないか」と尋ねると、「問題ない。私たちは、生産者とつながっているし、このまちの人々とつながっているからね」と自信たっぷりだった。最近は、息子に経営を任せている。ただ、まだ「まちの名物親父」の存在は大きい。

食のテーマパークFICOと食問題を解決するボローニャの企業

ボローニャには、ミラノから特急列車で一時間ちょっとで到着する。中世からヨーロッパの学問の中心地だった。知の拠点であるヨーロッパ最古のボローニャ大学がある。自然科学から人文社会科学まで全般で優れており、ダンテやガリレオ、コペルニクス、エラスムスなどの知識人を輩出してきた。近年では、欧州委員会委員長を務めたロマーノ・プローディ、映画『赤い砂漠』の監督ミケランジェロ・アントニオーニなどの著名人がいる。自治やイノベーションの気質を育み、ボローニャの文化と産業の発展に寄与してきた。現在、在籍する九万人の学生がまちに活気と賑わいをもたらしている。

一二世紀頃のボローニャは、ポー川から多数の運河が引かれ、ヴェネツィアのような水の都だった。この運河を使って交易が発達し、水力エネルギーを活用して織維業が勃興した。都市設計もユニークだった。旧市街地には、パラッツォ（Palazzo＝市庁舎）沿いにポルティコ（portico）と呼ばれる回廊が連なる。ポルティコを歩けば、雨の日も、濡れずに目的の場所にたどり着ける。

ボローニャ大学は、一三世紀にはすでに女性でも入学できた。市内には各種組合が多くある。市民自治、共助の意識が強く、協同組合は、市民発の革新的な活動を生み出している。視覚障がい者のために絵画など展示物を点字で表現した美術館がある。ホームレスやアルコール・麻薬依存症患者の社会復帰を目的とした劇団がある。こうした、社会的弱者支援のためのユニークな市民活動の発達を支えたことでも、ボローニャ大学の存在は大きい。

そのような中で、同校の農学部は、食農システムのイノベーションに重要な役割を果たしている。その良い事例に、観光スポットにもなっている食の巨大テーマパーク「ＦＩＣＯ」がある。

ＦＩＣＯとは、Fabbrica Italiana Contadina（「イタリア農家工場」の意味）の頭文字で、持続可能なフードシステムをテーマに掲げている。生物多様性の維持と発展、地産地消の促進、そしてローカリティがFICOの求めるキーワードである。

この広大なテーマパークは、以前、ボローニャ農業・食料センター（CAAB：中央卸売市場）があった敷地に二〇一七年に設立された。中央駅からシャトルバスで三〇分ほどの近郊にある。一〇ヘクタールの敷地に国中の食材が集められている。それも単に商品が陳列されているのではなく、原材料の生産、そして加工のプロセスを実際に見学でき、商品を購入し、その場で食せるのだ。生産工場と販売所、そしてレストランが一体化したテーマパークである。

FICOは、サラミ類、チーズ、ワイン、パスタ、オイル、スウィーツおよびスポーツと遊び場の七つのエリアに分かれており、家族連れ向けに、各種の体験プログラムやイベントが用意されている。敷地内には、農場と飼育場があって、野菜の栽培や、家畜の飼育が実際に行われている。来場者は動物と身近に接し、野菜の育ち具合も見られる。敷地内にはトリュフの採れる森も再現されており、探し方もガイドしてくれる。パスタやチーズづくりも、会場に再現された工場でその一部始終を見学でき、各エリアでは、地域食材を使ってその場で調理された郷土料理を味わえる。

FICOの農場作業を担っているのは、農学部生である。FICOに隣接して農学部の建物や圃場がある。また、場内にある「未来の食」をテーマとしたパビリオンでは、レタスやイネを液肥とLEDライトで栽培している。土や太陽のないところでも、農業生産を可能にしようという試みである。

当初、CAABの跡地には、Eatalyの誘致が検討されていたが、この案は頓挫し、代わってボローニャ大学が重要な役割を果たすこととなった。

FICOは、ボローニャ大学の農学者アンドレア・セグレの構想を具現化したものである。CAABのイノベーション計画が持ち上がった時、セグレは、イタリアの多様な食文化の粋を畑から食卓まで体験できる、特に子どもや若者が食について学べる場を食のテーマパークとして発案したのだった。

セグレはFICO基金の理事長で、CAABの会長も務めている。彼が国中で有名になったのは、食品ロスの取り組みであった。「Spreco Zero（食品ロスゼロ）」というキャンペーンを政府を巻き込んで展開し、大手食品メーカーの食廃棄の仕組みを転換させた。例えば、大手のスーパーマーケットとパスタなどの加工食品メーカーを結びつけ、賞味期限の迫った食品をフードバンクに寄付させた。あるいは、スーパーマーケットの店頭に段ボールを設置し、消費期限間近の食品を誰でも自由に持ち帰る運動をリードした。

彼の研究室からは多くの社会的企業がスピンオフしている。食品ロスゼロを実現するため企業や自治体、公的機関のコンサルテーションをする会社Last Minute Marketは、教え子たちが中心となって経営している。その会社では、食品メーカーに対しては、生産から廃棄までにかかるコスト計算と食廃棄が出るプロセスを分析、食品ロスを減らすことでどれだけ事業改善できるかを提案する。学校では、小学校給食の廃棄の実態を調査し、廃棄食の削減のためのマニュアルを作成する。時には、一週間小学校に張り付き、給食から出る残渣すべてを集めて総重量、中身を徹底的に調べ、給食献立、仕入れ量などの改善案を作成する。このほか自治体との協働事業では、タウンミーティングを企画し、食品ロス問題についてのワークショップを企画、実施する。こうした事業を回しているのは二〇~三〇代の若者たちだが、現役の学生もボランティアで参加しており、学生にとっては、テーマに沿って実践的な調査のできる格好の研究活動の場になっている。

ただ、FICOの方は、構想はイノベーティブなものだったが、運営面では持続せず、Eatalyが買い取り、二〇二四年九月、Grand Tour Italiaとしてリニューアルオープンした。

障がい者雇用と廃棄食削減に挑戦する世界的シェフ

現在、世界の八億人が飢餓状態となっている。一方で、食料の三分の一が廃棄されている。食品ロス問題は、グローバリゼーションが生み出した最も深刻な問題の一つだ。先進国でも、満足に食事ができない貧困層の拡大が社会問題になっている。日本でも、フードドライブ（家庭で余った食品を集め、必要としている福祉施設などに寄付する活動）のように、まだ食べられる廃棄食をアップサイクル（廃棄物に、新しい付加価値をつけて製品化する手法）して食に困っている人々に流通させる挑戦が不可欠になっている。

イタリアは、教会などが中心となって、毎週末、ホームレスや貧困層に炊き出しが振る舞われている。そうした運動の中でも、フードシステムのソーシャル・イノベーションとして注目される事業がある。立ち上げたのは、ミシュラン三つ星レストランシェフ、マッシモ・ボットゥーラで、バルサミコ酢の産地モデナで生まれた。廃棄食品だけを使って一流のイタリア料理に仕上げ、ホームレスや難民など社会的弱者に無料で提供する慈善活動である。

ボットゥーラは、料理講習や講演で東京、メルボルン、ロンドンなどの国際都市を飛び回っているが、普段はモデナにあるレストラン、「オステリア・フランチェスカーナ（Osteria Francescana）」で地元食材を使った料理をつくっている。ローカルにしてグローバルなシェフである。

その著名なシェフが二〇一六年に立ち上げたのが「フード・フォー・ソウル（Food for Soul＝魂のための食）」というNPO団体だ。地域で使われていない場所や建物をコミュニティ・キッチン「レフェットーリオ（Refettorio）」に改築し、そこでシェフ、見習い調理師とボランティアが廃棄食を使って美味しい料理をつくり、ホームレスや難民に無償で提供する活動をしている。レフェットーリオの語源はラテン語の「reficere（「つくり直す」や「元に戻す」という意味）」である。昔は、修道士が集まり、食をともにする場所を指した。この取り組みがカトリック教会司教とのつながりから始まったことが、名前の由来だ。今、レフェットーリオはイタリア国内のみならず、ヨーロッパ、アメリカ、南アメリカ、オーストラリアの世界一二都市にある。それぞれの地元の有志が立ち上げた国際ネットワークである。最近は、国連機関を巻き込み、食品ロス問題と貧困・難民問題に対峙し、持続可能なフードシステムの構築に励む。

きっかけは、ボットゥーラが、二〇一五年のミラノ万博関連イベントに呼ばれたことだった。「世界に名前の知れた一流シェフがミラノ中央駅をキッチンスタジアムにして集まり、廃棄食品を使って駅周辺のホームレスにスープを無料提供する」という企画だった。しかし、その当時、ミラノ中央駅は、南部から北部に移動する難民であふれかえり、それどころではなかった。その際、ミラノにあるカトリック教会の司教が、隣接する遊休劇場を代替地として提供を申し出てくれた。その縁で、カトリック教会の援助活動を支援する国際NGO「カリタス」との連携が生まれ、「フード・フォー・ソウル」の基金が創設されることとなった。イタリアでは、税金の一部を、支援したい慈善団体や社会セクターを自分で選んで寄付することができ、多くの国民が、寄付先にカトリック教会を選択している。そうして集まる寄付金がカリタスを通じて社会福祉活動や市民活動に再分配されている。

フード・フォー・ソウルの運動はシェフやアーティスト、マルチセクターの専門家が参画し、多様なかたちで展開されている。政治的キャンペーンを繰り広げ、政策提言も行う。人材育成にも力を入れている。例えば、ロンドンのレフェットーリオでは、厨房でプロのシェフがその日、フードドライブなどで提供された食材を見て前菜、メイン、デザートのメニューを考えて料理をつくる。確かな技に加えてアイデア、スピードが求められ、お店を構える上での修行の場になっているのだそうだ。有名シェフが立ち上げたこともあり、ここでの経験はシェフとしてのキャリアにもつながることから、無償であっても希望者が絶えないのだという。若手見習いシェフが助手を担っており、彼らも順番待ちなのだそうだ。

また、サービスの受益者は、ホームレスや精神障がいを持った人、独居老人などさまざまな理由で社会的孤立状態になっている人々だが、彼らはここで命をつなぐ餌のように食事を摂るのではなく、テーブルクロスがかけられ、ナイフ・フォークやナプキンが並べられたテーブルに座り、前菜からデザートまでのコース料理を他人と一緒に食べるのである。シェフの腕で美味しく仕上げられた一皿一皿をナイフやフォークを使って食べることを通じて、テーブルマナーを学び、食材を学び、料理を学ぶ。こうした経験は人を変えていく。彼らの中から、自立していく者が現れたり、配膳やケータリングのお弁当づくりを手伝うボランティアが現れたりしている。レフェットーリオは、サービスを提供する側、される側の双方にとっての学びの場になっているのだ。栄養の知識、文化としての食、おもてなしの心を学ぶ場としてさまざまなイベントが実施されている。

二〇一五年から二〇二三年九月までにフード・フォー・ソウルの活動が起こした社会的インパクトは、「一〇七〇トンの食品ロス削減、二二三六万八〇〇〇食の提供、一二三万四〇〇〇人へのサービスの供与」と報告されている。そして一一万五〇〇〇人のシェフや見習い料理人、ボランティアがこの活動に参加していた（Food for Soul ホームページより）。

北部は、第二次大戦後、奇跡の経済発展を遂げた。トリノ、ミラノ、ジェノヴァの三都市を結ぶ「工業トライアングル」では、自動車、繊維、造船、精密機械など幅広い工業が発達した。これに加えて、「第三のイタリア」と呼ばれるルネッサンス期に伝統産業が発達したボローニャ、ヴェネツィア、トスカーナといった都市でも、職人の高度な手仕事をベースとしたデザイン性に優れた質の高い産品を生み出し、北部の産業を牽引したのである。

一方、これまで見てきたように、北部には、イタリアの食を代表するような食材が目白押しであり、同国の食品産業を支えている。特に、パルマの生ハムやパルミジャーノ・レッジャーノやグラナ・パダーノなどのチーズは、生産規模も市場規模もグローバル水準である。ポー川流域に広がる肥沃な平野では、資本主義的大規模農業が可能であり、その名声とともに量産することで世界に対抗できる産品となった。画一的な大規模生産を放っておけば、一部の資本家に富が集中し、小規模な生産者は淘汰されてしまう。ところが、北部ではそうならなかった。そこには不条理な支配へ抵抗する市民の力があったからだ。

この章で見てきた食をめぐるストーリーは、グローバル化への抵抗とも読み取れるだろう。PDO／PGI制度の積極的導入、スローフード運動、銘ワイン・バローロの刷新、若者の山村移住による起業等、グローバル化により衰退していく農業・農村を、食農という切り口でいかに盛り立てていくか、そのための活動の結果だった。こうした長いものに巻かれない北部の人々の気質は、どこからくるのだろうか。

一つは、中世以降、帝国支配と地方都市国家のせめぎ合いの中で、市民一人ひとりが自治の意識を強く持つようになったことだろう。また、近代工業化社会においては、北部では労働組合が発達し、共産党系による権力への抵抗という経験をした。イタリアでのレジスタンス運動も、北部から始まった。

自動車産業で栄えたトリノは、一九七〇年代以降、オイルショックと世界的な競争激化からサプライチェーンの立て直しもできずに急速に衰退し、人口は一九七〇年代半ばに約一二〇万人だったが、二〇〇〇年には八九万人と三〇万人も減少したのである。建物の老朽化や不法移民の流入、失業者の増大などでまちは混沌としていった。こうした危機的状況の中でトリノ市が掲げたのは、「脱工業化」であった。冬季オリンピック招致を契機に、イノベーションを呼び込み、持続可能な都市を実現する政策へと舵を切ったのである。現在トリノ市では、スローフード、Eatalyの発祥の地でもあることから、フードツーリズムやフードシステムのイノベーションも地域振興の主要テーマとなっており、今後の展開に期待したい。

第3章

中央イタリア
——ローマ、トスカーナ、ウンブリア州

第3章に登場するおもな食材

カルチョーフィ（Carciofi）：アーティチョーク（チョウセンアザミ）のこと。春の野菜で、ローマ北西で生産されるカルチョーフィ・ロマネスコが有名。カルチョーフィの花のつぼみの中心部と茎を食べる。アクが強く、調理をしていると手や爪の間が黒く染まる。ローマでは、アンチョビとオリーブオイルでシンプルにオーブン焼きにする。

キアニーナ（Chianina）：ビステッカ・アッラ・フィオレンティーナに使われる牛肉。トスカーナ州からウンブリア州にまたがるキアーナ渓谷で飼育され、世界最大と言われるほど大きく成長する。新鮮な赤身肉をグリルして食べる。焼き加減は、アル・サングエ（「血の滴る」の意味）。つまり、レアで食べることでも有名である。

カネリーノ（Cannellino）：白いいんげん豆の一種。他の白いんげん豆より小さめで、身は軟らかくなめらかである。豆はタンパク質が豊富なことから、一七世紀以降、多くの品種の豆がアメリカ大陸で発見され、スペイン人によってもたらされ、ヨーロッパ中で栽培が普及した。農民や貧困層によって多く消費された。田舎料理の代名詞である。

アッバッキオ（Abbacchio）：乳飲み子羊のこと。ローマの郷土料理で、骨付きの肋肉をグリルして食べる。ＰＤＯ認証を取得しているものは、生後六ヵ月までの雌の子羊とされている。

プンタレッラ（Puntarella）：ローマでよく食べられる。チコリの一種で、葉の部分ではなく、根元の花茎の膨らんだ新芽の部分を指す。独特の苦味がある。ローマでは、繊維に沿って切るか、ぶつ切りにしてアンチョビソースで和えてサラダのように生で食べる。

ペコリーノ・ロマーノ（Pecorino Romano）：ローマで生産される羊チーズ。ハード系チーズでしっかり塩気があり、削ってパスタに和える。ローマのパスタ料理であるカーチョ・エ・ペーペは、チーズと黒胡椒のみでつくる。チーズをふんだんに和えるのがコツだが、本来は、このペコリーノ・ロマーノを使用する。

1　アグリツーリズムが育む地域食と農村コミュニティ

実はローマは田園都市

中央イタリアは、北はトスカーナ（州都フィレンツェ）から始まり、フランチェスコ聖堂で有名なアッシジがあるウンブリア、さらに東にはアドリア海に面するマルケ、そして、南に下がってローマを州都とするラツィオからなる。ウンブリアの南に位置するモリーゼ、アブルッツォの両州は、地理的には中央部に属すが、文化的、歴史的つながりから、南イタリアに入れる場合も多い。

トスカーナは農村風景が美しい。新聞の観光ツアー広告などでも「憧れのトスカーナ」というキャッチコピーをよく目にする。欧米では「トスカーナ＝憧れのスローライフの地方」として知名度が高い。確かにオリーブ畑が広がる風景は素晴らしいが、それだけではここまで有名にはならない。キャンティ地方の大地主貴族たちがワイン格付けとともに発達させたツーリズムが大きく影響している。

優美な田園風景が広がるトスカーナに対してローマは、ビルの間から巨大な石の遺跡が姿を見せ、ダイナミックな石づくりのまちのイメージが強い。しかし実は、市街地にも、農地や森林が散在する国内で最も都市農業が活発な田園都市である。少し郊外に出れば、放牧地や果樹農園が広がる。農業形態は、何世代も続いて葡萄や野菜、穀物類を複合栽培している家族経営の伝統的なタイプが多い。大規模ではなく、小農が主流である。それは、この地域が長く教皇領であった歴史が影響している。南部のように他国からの支配を受けず、また、近代に入ってからは、この地域の特徴であるメッツァドリア制度（折半小作制度＝小作人が地主に出来高の半分を小作料として納める仕組み）によって、穀物やオリーブ、果樹、野菜などを自分の裁量で栽培することができた。つまり、南部のラティフォンド（大地主制度）のように、広大な農地で麦やオリーブを粗放的に耕し、不在地主によって収奪された小作制ではなく、自ら耕し、収穫高の半分を小作人自らのものにできたのである。

ただ、農作物以外の牛や豚、オリーブオイルなどは半分どころか、大半を差し出さなければならなかった。したがって、過酷な条件ではあった。とはいえ、それぞれの家族は、家と動物小屋を与えられ、小規模な家族営農形態が形成されていった。ちなみに、戦後に農地改革が行われたが、日本のように小作人が農地を所有するには至らなかった。中央部の農業者組合は激しい農民闘争を重ね、小作料の割合を引き下げてきた歴史がある。政府とマフィア大地主との癒着を前に、戦う術を見出せなかった南部農民とはそこが違う。自らの権利を獲得する農民闘争は、農民が自ら考え、工夫し、自立的農業を形成する力を育んだのである。

素朴で等身大のアグリツーリズム

ローマ市内で市民の胃袋を満たすほど農業が十分に発達したのは、潤沢に水があったためである。市内を流れるテヴェレ川は、流域面積では国内で二番目に大きい川である。紀元前五世紀頃に整備され、食料品や木材・石などを運搬していた。水源はエミリア＝ロマーニャ州のアペニン山脈。ウンブリアを横切ってラツィオに流入し、ローマを縦断してオスティアからティレニア海に注ぐ。オスティア港には、地中海沿岸植民地から小麦やワイン、オリーブオイルが運ばれてきた。食料調達の大動脈だった。立派な水道橋を造ったローマ人たちである。農地に水を引いてくることに困難はなかった。古代ローマ人は、近郊の森林を農地に変え、灌漑施設を造り、食料を増産したのである。

テヴェレ川を北上すると、ナッツァーノ湖がある。ラムサール条約で一九七六年に湿地特別区に指定された。雑木林だったところを水力発電のために止水してつくられた人口貯水池である。周りは葦原に囲まれていて、水鳥が羽を休めるのに格好の場所となっている。珍しい鳥が巣をつくっていて有数のバードウォッチングスポットであり、生物多様性の宝庫である。

こうした都市近郊は、多くの場合、人口減少による地域の衰退が課題となるが、ここでは環境NPOや草の根の地域振興団体が発足し、保全維持の活動が展開されている。その一環で、湿地の自然を活用した観光スポットづくりが進められている。例えば、生態系を紹介するミュージアムがある。織物や絵付、革製品づくりなどのクラフト体験ができる施設もある。周辺農地を利用したコミュニティ農園では、子どもたちの農業実習を実施している。いずれも地元住民が主体となって運営している。その理念は、「自然環境の保全、そして地域に根ざした暮らしの文化を継承する」である。

テヴェレ川をさらに北上して、内陸部、さらにその先のアドリア海にかけては、ウンブリア、マルケが続き、これらの地域は、キリスト教の信仰が篤い。フランチェスコ聖堂のあるアッシジや、ナザレの聖母マリアの家のあるロレートといった聖地が存在する。小さな村の教会にも、美術的価値の高い宗教画が保存されており、信者や美術家にとっては重要な地域である。そうした信仰の篤さは、この地域の人々の暮らしに、つつましさと静寂を与えてきた。

ここのアグリツーリズムは、トスカーナとは趣が違う。豪華さはないが、なだらかな丘に整然と並ぶワインやオリーブの木を眺めながら、小規模農家の素朴な暮らしを追体験できる。農家等身大のアグリツーリズムを楽しめる。

中央イタリアでは、企業的大規模農業ではなく、農業の多面的機能を活用した多様で中小規模のアグリビジネスモデルを先進的に創り出してきた。大都市ローマのあるラツィオ州、そしてウンブリア、マルケ、アブルッツォ、モリーゼも、小さな伝統的な農牧業が営まれ、いまだに主要産業となっている。古代ローマ時代の歴史文化とキリスト教信仰の遺跡が特徴的な中央部だが、地質・地形・気候は地域ごとに違う。それが地域農業を魅力的にしている。

同じマメでも、しばしば隣の村で味が違う。野菜にも、それぞれ産地の名前を付けている。有名どころはアルソーリのいんげん豆、ヴァッレラーノの栗、ローマのカルチョーフィ（アーティチョーク）とロメインレタス……などである。野菜の味と土地とのつながりは、切っても切り離せない。同じ季節の野菜でも、時期初めに美味しいもの、晩生になった方が味が増すものなどがあって、人々はそれを買い分ける。市場では、店員がそれぞれの野菜の由来をひっくるめて教えてくれ、市場は、ローカルな食文化を継承する場になっている。

トスカーナとフィレンツェ

「中央イタリア」から一般的に連想するのはトスカーナである。美しい田園風景が広がる。温泉にエステがある、高級アグリツーリズム施設が各地に点在する。丘の上から目前に広がる田園風景を眺めつつ、新鮮な地元食材をふんだんに使った田舎料理と地ワインをいただく。何よりも贅沢な休暇の過ごし方である。

日本人がトスカーナ地方に憧れを抱くようになったきっかけは、一九八〇年代に公開された、フィレンツェを舞台にした映画であろう。一つはイギリス貴族の恋愛を描いた映画『眺めのいい部屋』、もう一つはロシアの詩人が一八世紀のロシアの音楽家の足跡をトスカーナに訪ねる旅を描いた映画『ノスタルジア』。このほかにもあろうが、それらの映像美が人気に火をつけた。しかし、トスカーナも、戦後まもなくは、他の農村と同様、過疎化していた。

湿潤で温暖なトスカーナは、恵まれた農業地帯で、イタリアワインの代名詞になっているサンジョベーゼ種と、上質なオリーブオイルの産地である。一四世紀の都市国家時代には、ピサやシエナなど周辺都市と競い合ったが、フィレンツェ・メディチ家が繁栄し、ほぼ周辺都市国家を掌握してトスカーナ公国となった。そして優美で豪華なルネッサンス文化が築かれた。栄華を極めたフィレンツェは、中央部でも特別な存在になった。反面、フィレンツェ以外は、ごく普通の農村だった。

戦後の高度成長期のトスカーナは、他の農村と同じく、働き手が都市部に流出した。古都フィレンツェには観光客が殺到したが、周辺の素朴な農村を訪れる旅行者はいなかった。単に「フィレンツェ周辺の農村」に過ぎず、旅行者を呼び込むような魅力的なアイデンティティを持てなかったのである。しかし、なぜか、あえてそうした田舎に移住する外国人がいた。映画に描かれていたように、二〇世紀初頭にイギリス人貴族や富裕層の転入が始まった。なだらかな丘の連なりにオリーブ畑が広がる緑豊かな風景が、彼らを惹きつけたのである。ボロボロになった農家を改装し、別荘として住むようになった。こうした外国人によって発掘された農村の価値を、やがて地元民たちも再認識し、農村風景を守るために知恵を出し合うようになった。その帰結がアグリツーリズムになった。

トスカーナのアグリツーリズムが今のように発展したのは、メディチ家が築いたフィレンツェの貴族文化や歴史の恩恵が大きい。フィレンツェは「歴史地区」として世界文化遺産登録されており、ドゥオーモ（大聖堂）を中心にしてシニョリーア広場、ウッフィツィ美術館、ピッティ宮殿などの歴史的建築物が集中している。一三世紀頃から金融や毛織物産業で稼ぎ、フィレンツェ共和国として一六世紀頃までその勢力を維持した。ミラノやジェノヴァ、ヴェネツィアなど世界で覇権争いを展開した北部の都市に比べると遅れて発展したが、その繁栄は長く続いた。こうした貴族の繁栄は、周辺の農村にも影響をもたらす。別荘や宮殿での暮らしや振る舞われる料理、乗馬などの余暇の過ごし方の風習は語り継がれ、建物は残る。

農業では、中部、特にトスカーナは大土地所有貴族による封建的な農業の支配が濃厚だった。この仕組みは戦後も続いた。ちなみにトスカーナの貴族は、北部主要都市の貴族に「田舎貴族」と呼ばれ、一段格下に見られていた。農業改革が遅れ、社会全般に近代化が遅延したことが、そう呼ばれた背景にあった。イタリアでは、トスカーナ人を「商売上手でケチ」と言うが、裏返せば「倹約家で無駄使いしない」ということでもある。その気質は、トスカーナ料理にもよく表れている。例えば「リボッリータ」は、硬くなったパンを廃棄せずに、美味しく食べるために生まれた郷土料理である。「パン入りミネストローネ」だが、煮返して食べられる簡素で便利なスープである。これは、トスカーナ人がケチというより、むしろ農村出身であるだけに、穀物や野菜などその土地に根ざした食材の美味しさや大切さを理解していたのかもしれない。

フィレンツェには、一四世紀初頭には三〇〇以上の毛織物企業があり、八〇以上の銀行がひしめいていた。バルディのような、世界規模で商売を展開した大商社が台頭した。「美しい美術品や芸術作品が集まるまち」と「金融と貿易で稼ぐ商売上手な人たちのまち」の両面があった。

一方で、フィレンツェ周辺の農民は、折半小作制度によって貧しい暮らしを強いられていた。食事も貧しかった。ビステッカ・アッラ・フィオレンティーナ（フィレンツェ風ステーキ）のようなご馳走は食卓に上ることはなかった。したがってフィレンツェ料理はクチーナ・リッカ、トスカーナ料理はクチーナ・ポーベラである。

トスカーナの持続可能なアグリツーリズム

トスカーナは、イタリア独自の農村観光のかたちを牽引してきたが、最初にそのコンセプトを提唱したのは、一九六〇年代、侯爵のシモーネ・ヴェルーティ・ザーティだった。背景には、トスカーナのワインが安く買い叩かれ、農民が生計を立てられずに農村を離れ、急速な過疎化と貧困が深刻化していた事情がある。トスカーナの丘陵地帯は地中海式農業で、農家は起伏のある条件不利地域でオリーブや果樹を栽培してきた。欧州共同体（EC＝European Communities）の共通農業政策（CAP）による価格補助の恩恵を受けることの少ない地域でもあった。そのため農民の離農が加速した。こうした厳しい状況下で侯爵は、「イタリアでしかできない、地域に根ざした農業を核に据えたツーリズム」を確立しようとしたのである。一九六五年、侯爵の声がけで「アグリツーリスト協会」が発足した。イタリア農業連盟の一三人の若手職員が、アグリツーリズムの規定づくりを始めた。その二年前には、ワイン法が制定されていた。同法では、イタリアの独自性を守るために、土着品種の葡萄を使用したワインを上位に格付けする仕組みが採用された。そこには、土着品種の普及を通じて地域活性化をめざす意図があった。ワインと美食の旅を掛け合わせる「エノガストロノミー」の萌芽がすでにこの頃からあったのである。

一九七三年、北部のチロル地方にあるトレント自治県がイタリアで初めてアグリツーリズム条例をつくった。しかし、その内容をチェックして、「スイスのグリーンツーリズムの真似でしかない」と感じた侯爵は、独自の農業観光を確立する必要を痛感した。それまで敵対していた隣接自治体間での連携を模索し、戦略的に地域にネットワークを広げ、やがて全土に独自の農業観光を広げた。そうした地道な活動は、一九八五年、法律第七三〇号（アグリツーリズム法）の成立につながった。世界初の農業観光を定めた法律である。同時期に、スローフード運動がスタートしたことも追い風となった。

アグリツーリズムは、今ではイタリアの農業や農村の発展に最も重要な役割を果たしている。中山間地域のような条件不利地域が国土の七割を占め、小規模農家が多く、フランス、ドイツのような大規模農業には太刀打ちできない。大規模の農業を代替するのが農業の六次産業化、すなわち一次産業の農牧業、二次産業の加工、三次産業のツーリズム——それらの掛け合わせである。イタリアの変化に富む地域特性と農牧業、それに農産品加工等の多様性を最大限に活かすことである。例えば、栽培した果物を加工してジャムにしたり、あるいは放牧業でミルクからチーズをつくる。それを宿泊客の食事に出したり、販売したりする。大きなアグリツーリズム施設は独立したレストランを持ち、自家製産品を提供する。このように、一次産業から三次産業までを自前で行うことによって、さまざまな仕事を生み出し収益を上げることとである。イタリア農業調査研究情報局（ISMEA）の調べによると、イタリアの農業従事者の三分の一がアグリツーリズムを取り入れている。それは、さまざまな工夫をしてやっと農業が成り立つという条件不利の裏返しでもあるが、小農と地域食を最大限に活かすこの仕組みは、イタリアの農業／農村の再生につながっている。それは、農業振興や雇用創出などの経済的な利益にとどまらない。食文化の継承、自然景観の維持、農村コミュニティの再構築など社会・環境全体の持続可能性に寄与している。

本来、農村・農業の振興を目的としたアグリツーリズムだったが、新しい世紀を迎えた頃から、豪華な建物やプール、スパ施設を整備した高級リゾートホテルが出現し、アグリツーリズムを唱えるようになった。こうした大型アグリツーリズムは、「景観破壊」だと非難されることもある。何もなかった農村に高級宿泊施設ができれば、農家やワイナリー、チーズ工房などの生産者は、新たな顧客を獲得し、販路を拡大でき、所得の向上につながる。半面、アグリツーリズムが短期的な利益を追う投資家による観光ビジネスに転落する。このため二〇〇六年に、アグリツーリズム法が改正された。開業の手続きが簡素化された一方で、オーナーは農業者でなければならなくなった。収入の割合も、アグリツーリズムからの収入（宿泊、サービスなど）は、農業収入を上回ってはいけないことになった。提供する食も、その農園か近郊地域の食材で加工したものか郷土料理とされ、PDOやPGIといった品質保証された産品を優先しなければならないルールになった。改正は、アグリツーリズムの農業や土地との結びつきを強化するものとなった。

最近の一〇年間では、気候変動と環境保全の観点から、持続可能性により重点を置いたアグリツーリズムが登場している。これまでは、伝統食や土着品種の保護・継承、土地に根ざした食文化の継承・発展による農業振興に思いがあった。近年は、エネルギーや土壌、水など根本資源そのものの持続可能性を追求し啓蒙するものが増えている。

トスカーナの世界最高牛――誕生秘話

トスカーナの名物料理、ビステッカ・アッラ・フィオレンティーナ（「フィレンツェ風ステーキ」の意）は、Tボーンステーキとも言うが、日本の霜降り肉と違って、脂身は少なく赤身のため、焼き加減もレアが好まれる。「ビステッカ・アッラ・サングエ（「血の滴るようなステーキ」という意味）」と呼ばれるのはそのためである。「フィオレンティーナ」とは「フィレンツェ人」、あるいは「フィレンツェの」という意味のため、フィレンツェ産の牛肉を連想するが、そうではない。キアニーナ牛という、世界で最も大きいと言われる白牛の肉を使う。トスカーナからウンブリア州にかけて跨《またが》るキアーナ渓谷に生息していたことからこの名前がついた。キアニーナ牛は、ラテン語の詩に登場する。ローマの古代遺跡フォロ・ロマーノのティトゥスの凱旋門にある有名なレリーフなどにも、凱旋パレードや神々への生贄《いけにえ》に使われていた様子が描かれている。二五〇〇年も前からローマ人やエトルリア人に珍重されていたことが窺い知れる。

キアニーナ牛の特徴は、白磁のように輝く被毛、それに黒い鼻と舌にある。短い角、長く円筒形の体幹、他の品種の牛よりも長い四肢を持ち、その風貌に気品があるとされる。赤身部分が多く、そのカロリーは低い（一〇〇グラムで一一〇キロカロリー）。霜降りの白身肉と違って鉄分が豊富である。コレステロールはほとんど含まれておらず、善玉コレステロールの合成を促進する極性脂質を含んでいる。そのため、成長期のみならず妊娠期、高齢期の人々にも好まれる食材である。

昔は役畜（農耕や運搬などに用いられる家畜）として使われていた。それが今では、世界で最も美味で高貴な食肉になっている。イタリアは、ヨーロッパで一番多くのPDO、PGI産品があるが、牛肉で認定を受けているのは二品しかない。そのうちの一つが、キアニーナ牛を含む「ヴィテッローネ・ビアンコ・デル・アッペニーノ・チェントラーレ（アペニン山脈中央部の白牛肉）」で、PGI認証を持つ。これにはキアニーナとマルキジャーナ（マルケ）、ロマニョーラ（ロマーニャ）の三種がある。PGI認証は、生後一二〜二四ヵ月の牛に限られる。若いため、脂肪は少なく赤身で軟らかい。それが高タンパクの、健康食を求める現代人のニーズにマッチしている。世界的に有名になったキアニーナ牛だが、「フィレンツェ風ステーキ」の名声のおかげも大きい。

キアニーナ牛については、エッツィオ・マルキという学者が、キアーナ渓谷の小さな農家と協働して、農村の将来をかけて品種の改良に尽力したエピソードがある。

一八八〇年末当時、この地の聡明な農民が、キアーナの谷に新たな産業を創り出すために協会を設立した。そこでマルキは、畜種の「血統書」や「系図」の創作と編纂を始めた。そして、良質牛を選抜し、改良し、キアニーナ種の価値を高める試みを重ねた。

一九三三年、「系図書」が完成した。農務省の委託を受けた技術委員会は、品種改良のための「基準」を定め、図書に記載する作業を進めた。その結果、二年後に、農林大臣令によりキアニーナ種に関する規定が確立された。

この系図が制定される以前は、改良や選定は経験的に行われていた。こうした経験則に基づく選定は、キアニーナ牛については状況を混乱させた。

こうしてキアーナ渓谷の、アッバディア・ディ・モンテプルチャーノ（現在のチュッフィ）にあるバストーギ伯爵の相続人の農場では、牛群台帳が設置され、各厩舎の近くに子牛が動き回るためのパドックがつくられた。そして、飼料用オート麦の代わりにクローバーやアルファルファをより広範囲に栽培し、輪作（栽培する作物のローテーション）することで、給餌や飼育環境が改善された。

同じ頃、トスカーナのシエナ地方では、雄牛と雌牛の競り市を挟んで、キアニーナ牛の品評会が始まることとなった。品評会は、牛の選別基準の妥当性を判断する実験場となった。

また、繁殖家の自尊心を刺激し、互いに切磋琢磨し合う、建設的な競争を促す教育的な役割も果たしたようだ。

牛の品評会では、厳格なルールのもとに、毛づくろいをし、毛並みが整えられた。やがて、畜産家や畜産界だけでなく、全住民を巻き込むイベントになった。その記録には、ベットレ農園やラ・フラッタ農園など、有名な畜産家の名前が連なっている。

二〇世紀に入ると、急速に進む工業化は農業にも及び、機械化されて資本主義的農業が発達した。しかし、小規模のメッツァドリア（折半小作人制度）が多い、中山間地域の中央イタリアでは、大規模農業は発達せず、農家たちは貧しい暮らしを強いられていた。平野部が少ない条件不利地域では、粗放的農業では立ち行かない。そこで、キアニーナの農家たちは、役畜として育てられ、また肉は自家消費されていたキアニーナ牛に目をつけ、農村の復興を願うマルキの指導を得て集約的な飼育で高品質の食肉をつくることに成功したのである。

つまり、キアニーナの農家たちが、そのままでは価値のなかった牛の肉を、地域再生のためにブランド牛に仕立てようとしなければ、ビステッカ・アッラ・フィオレンティーナというイタリアを代表する料理は生まれなかったということだ。

無駄なく美味しく農村を守る田舎料理・リボッリータ

土地の記憶と人々の暮らしの結びつきを物語る郷土料理の一つに、前出のリボッリータ(Ribollita)がある。トスカーナ人は始末屋だと言われるが、その気質をこの料理はよく表している。「ボッリータ」は「沸かした、煮た」、「リ」は「再び」、リボッリータとは「再び煮た」料理である。ここでは、アグリツーリズム施設「Poggio ai Santi(ポッジョ・アイ・サンティ)」のオーナー、フランチェスカ・ヴィエルッチ(Francesca Vierucci)の言葉をたよりに、リボッリータの真髄を伝えたいと思う。

前述したイタリア料理の父、ペッレグリーノ・アルトゥージは、この料理を「Zuppa Toscana di magro dei Contadini(ズッパ・トスカーナ・ディ・マグロ・ディ・コンタディーニ)」と呼ぶ。意味は、「農家風質素なトスカーナスープ」である。スープ(Zuppa)は、具材が詰まった、食べ応えのあるスープである。イタリアではスープは最初に出てくる第一の皿で、パスタ料理と同類である。時に、メインディッシュに位置付けられる。

リボッリータは、外国人でもイタリア好きなら知っているポピュラーなトスカーナ料理だが、イタリア人も「めったにうまく調理できない」と言う。それは、料理人の腕の良し悪しよりも、食材と調理法に関係している。まず、本物の食材を調達できないので、昔のレシピ通りの再現が難しい。食材の調達が難しいのは、グローバル化によって大規模化／モノカルチャー化した企業的農業が進んで、大量生産に合わない食材が淘汰された結果だ。次に、手間暇のかかる料理を、忙しい世代は継承しなくなった。それまでの食材が消え、レシピが変わると、風が吹けば桶屋が儲かる類の話と思われるかもしれないが、農村の景観まで変わってしまう。なぜなら、在来品種が淘汰されると生物多様性は失われ、それが生態系の破壊にまで進展するからである。

幸いトスカーナは、企業的農業から農地が守られ、生物多様性に富み、生命循環が存在する地域である。それが実現できるのは、ローカルツーリズムやスローツーリズムの思想があるからだと言える。こうしたツーリズムで供されるレシピの維持と継承には、そのための食材の存在が必須である。すなわち、リボッリータの魅力は、回り回って小規模農家を支え、農村景観を守り、環境保全につながることになる。

リボッリータの話に戻る。食材は、パン、オリーブオイル、豆、そしてトスカーナの野菜である。この料理で最も重要な要素はパンである。小麦粉ではなく、廃れた穀物や代替穀物を使ってつくられる。さらに特徴的なのは、普通、パンには必ず入る塩が、トスカーナのパンにはない。その理由は、「東ローマ帝国（ビザンツ帝国）の塩税に抵抗したフィレンツェっ子のプライドが関係している」とか、「高い調味料を使わない知恵」、あるいは「トスカーナ料理は塩気が強いため」など、諸説ある。

次に重要なのがオリーブオイルである。オリーブオイルは、秋にオリーブの実を収穫し、搾ってつくる。したがって、秋頃に店頭に並ぶものがその年にできた一番フレッシュなものになる。肌寒くなり、温かい料理が欲しくなる秋口に、この新オリーブオイルを使ったリボッリータを食べられるのは至福である。その中でも、風味豊かなエキストラバージン・オリーブオイルがよい。これは、実を収穫して最初に搾ったそのままのオリーブオイルである。エキストラバージン・オリーブオイルとするには、世界基準で決められている香りや成分の一定基準を超えなくてはならない。トスカーナのそれは香りの良さなどで有名である。

次に豆である。豆類は貧しい食と思われがちだが、実は種類も豊富で多様性に富み、栄養価のバランスも良い。リボッリータに使われる豆は「カネリーノ」だが、それ以外にトスカーナだけでも、土地ごとに何十種類もの品種がある。トスカーナには次のようなことわざがある。「フィレンツェ人は、皿やスプーンに残る豆を舐めるほど、豆好きである（Fiorentin mangia fagioli lecca piatti e romaioli）」。その土地ごとにできる豆とその料理は、トスカーナ人にとって思い入れが強い固有の味である。

野菜については、トスカーナでは黒キャベツをよく食べるためリボッリータにも使われる。これ以外にも、冬に美味しくなるアブラナ科の野菜を使う。体を温め、解毒作用がある。

2　上質の暮らしをブランディングする都市農村の戦略

下町文化あふれるトラステヴェレ

トスカーナの田舎の美しさとは正反対に、世界を支配したローマ帝国としてのプライドを保つローマ市民は、古代から連綿と続く食文化を自負している。食材の定義にもこだわる。「アッバッキオ」というローマを代表する食材がある。子羊の肉ことだが、ローマでは、イタリアで一般的に使われる「アニェッロ（子羊）」とは区別して、まだ乳だけで育つ雌の子羊を特に「アッバッキオ」と呼ぶ。イタリア人は食の話題が好きである。違う出身地の人たちが郷土食の話になると、似た料理や食材の呼び名が方言なのか、それとも一般名詞なのかをめぐる論争が起きる。しかし、研究によれば、アッバッキオはローマ方言ではなく、他の地域の子羊とは区別される一般名詞である。

今はPGIに認定されるためには、ローマ県で飼育された生後二八～四〇日の羊の子でなければアッバッキオを名乗れない、希少な食材である。したがって「ローマ料理」をうたうレストランで出されているアッバッキオは、すべてが本物とは考えにくい。なかには普通の子羊か、輸入品もある。

代表的なローマ料理と言えば、プリモ・ピアット(第一の皿)のスパゲッティ・カルボナーラを挙げる人が多い。しかし、その歴史は意外と新しい。第二次世界大戦時、ラツィオ、モリーゼ、カンパーニャ州の間にあるラインハルト線で交戦中の連合軍アメリカ兵士が、アドリア海とアペニン山脈間にあるアブルッツォの名物料理であるカーチョ・エ・オーヴァ・パスタを味わったことに始まる。伝承によると、故郷の味を再現するために、アメリカ兵士は地元のレシピにグアンチャーレ(豚の頬肉。アメリカのベーコンに似ている)を加えたという。この珍味の香りがローマ人の鼻孔を酔わせ、レシピとして定着したのである。イタリアでは、ピッツェリア(ピザ店)やレストランで、給仕にタバスコはないかと尋ねると、あからさまに嫌な顔をされる。イタリア人は、アメリカ的なものを毛嫌いするところがあるが、カルボナーラのレシピは、アメリカ人に縁があることをほとんどのローマ人は知らない。

下町で発達した庶民料理にも、ローマを特徴付ける料理がある。ローマ中心部からテヴェレ川を挟んだトラステヴェレは、人情味あふれる下町の面影が漂う観光地になっていて、独特な食文化がある。その独自性もまた、ローマ時代に遡る。

「トラス」は「越えて」を意味し、この地区は「テヴェレ川を挟んで向こう側」である。ローマは、トラステヴェレ以外は、大方、テヴェレ川の東側に広がる。トラステヴェレは、ローマとは別の地区で、そこに暮らす人々を蔑む意味合いも含まれていた。共和制ローマ時代、この地区にはエトルリア人やユダヤ人などの外国人、それに下層職人、肉体労働者、キリスト教徒など、いずれも当時社会から疎外されていた人々が集住していた。この地区は、道が狭く、途中で途切れて行き止まりになっていたりして、迷路のようである。都市計画の不在がすぐにわかる。実際、ローマ時代以降は統制が行き届かず無法地帯と化していたという。第二次大戦後に、農村から流入してきた労働者が住み着き、下町文化が形成された。

こうした歴史が独特な食文化を形成した。ユダヤ人居住者によって伝えられたユダヤ料理、それに労働者が好んで食べた臓物料理もこの地区ならではである。一九世紀末に、ローマの人口増加に伴ってその胃袋を満たすため、トラステヴェレの対岸にあるテスタッチョ街に食肉処理場が置かれた。おかげで臓物がふんだんに手に入り、珍味を料理するのに慣れていたトラステヴェレの人々が調理し、ローマ料理に欠かせないメニューに加わった。この臓物を「quinto quarto（四分の五）」と言うが、それは、臓物が枝肉全体の重さのおよそ四分の一に相当することに由来する。臓物は、前脚後脚の四本の部位より値が高い。かつては食肉処理場で働く労働者の給料として、臓物の一部を現物支給していたことがあった。

ローマでは、カルチョーフィ（アーティチョーク）やプンタレッラなど特徴的な野菜を使った料理も有名だ。プンタレッラは春の味覚である。チコリという菜っ葉の一種だが、茎の付け根がふくらんでいて、少し苦みがある。アンチョビと和えてサラダにしたり、オリーブオイルと唐辛子でソテーにしたりして食べる。独特の香りがして美味しい。こうした野菜は、ローマ市近郊で多く栽培されている。

ローマ発の屋内ファーマーズ・マーケット

ローマの中心市街では、近郊の農家が直接販売するファーマーズ・マーケットが開催される。その中でも集客力が高いのは、チルコ・マッシモにあるメルカート・ディ・カンパーニャ・アミーカである。市民が集まって市役所を動かし、使われていなかった公設市場をファーマーズ・マーケットに転換させた。二〇〇八年のことである。

カンパーニャ・アミーカ財団は、全国小規模農業者組織、コルディレッティの有志により二〇〇八年に設立された。目的は、環境と伝統を守る農業の振興である。一九八〇年代、イタリアでは大きな食問題が起きた。狂牛病とワインのメタノール混入事件である。これによって生産者は、消費者の信頼を失った。また、食の安全が大いに議論された。その時、消費者の信頼を取り戻そうと立ち上がったのがコルディレッティの農業者だった。当時、アメリカではやっていたファーマーズ・マーケットを、「イタリアでもできないか」と考えた。

当初、立ち上げに賛同した農家は一三戸に過ぎなかった。スタートした頃は、閑散としていたという。今や、六〇戸以上の農家が出店し、屋台を置く場所が不足するほどに産品が並ぶ。

ファーマーズ・マーケットのアイデアは一九九〇年代からあったが、実現までに時間がかかった。当時、農家が産品を消費者に直売することが法律で禁じられていたためである。カンパーニャ・アミーカの創設者でファーマーズ・マーケット部門の長であるカルメロ・トロッコリによると、最初に市と一緒に取り組んだのは法律改正だった。二〇〇一年のことである。農家が生産だけでなく、加工、販売に従事できる法律をつくる運動を繰り広げた。その後、最初のファーマーズ・マーケットはプーリア州で偶発的に生まれ、次にローマにできた。以来、コルディレッティが全国組織であることを利用して、徐々にネットワークが全国に広がった。コルディレッティのメンバー農家を巡回し、出店するように説得する一方、各地の市役所に出向き、空き地を転用するように口説いたという。

その後、カンパーニャ・アミーカにはマーケットに関する規約がつくられ、販売する産品に対して一定のルールを設けた。また、出店者は同じカラーのTシャツを着るなど、マーケットに統一性を持たせた。チルコ・マッシモのマーケットが立ち上げられたのは、カンパーニャ・アミーカが創設されたすぐ後の二〇〇八年である。

チルコ・マッシモは、イタリアで初めての屋内型ファーマーズ・マーケットであった。今ではカンパーニャ・アミーカのファーマーズ・マーケットは全国的ネットワークとなっているが、チルコ・マッシモは、その品質の高さや活気、発信力において、フロントランナーである。二〇二三年に筆者が訪れた際の様子を紹介しよう。店先に並ぶ農畜産品がバラエティに富んでいる。伝統野菜やオーガニック野菜など、魅力的なものばかりである。また、店先で生産者が語る、その産品にまつわる歴史や物語が興味深い。

祖父の代からの農園を継いだ孫娘のリンゴは、日本では見かけないほど小さい。姫リンゴのようだが、皮は茶色がかっていて少し鮮度が落ちているような見た目だ。決してきれいな色とは言えない。ところが中身はしっかり詰まっていて味が濃い。劣化が遅いという。「これは品種改良されたメーレ（mele、イタリア語でリンゴの複数形）です。甘いけれど、こっちの方（古代種）が、saporito（サポリート＝薫り高いという意味）よ！」と言いながら、紙袋にいろいろな種類のリンゴを入れてくれていた。在来品種をオーガニックで育てている豆農家やオリーブオイルの生産者、ワイン醸造家も出店している。

出店しているのは篤農家だけではなく、新規に就農したと思える若手農家の姿もある。ほとんどが家族農業である。妻や娘が店頭に立って販売している。チーズづくりにはまり、ローマ時代の手法を復活させているという大学教授も出店している。ローマ以北には、羊飼いが放牧を営む土地が多く、羊のチーズの生産量は多い。その中のペコリーノ・ロマーノはPDOに認定されている。

カンパーニャ・アミーカのファーマーズ・マーケット

ファーマーズ・マーケットでは、客同士、客と店主の間で朗らかなおしゃべりが絶えない。筆者もおしゃべりに参加し、時間が過ぎるのを忘れるほど話し、試食し、試飲した。おしゃべりが生産者と消費者の距離を近づける。時に、客同士が友達になる。

葉物と果物を販売している店で生産者に話を聞きたいと思ったのだが、客がひっきりなしに来て話しかけることが中々できなかった。休憩をいつとるのか、と訝《いぶか》しむほど店の前に人だかりができる。しばらくして戻ると、店主とは別の人が立ち売りしていた。聞くと、「以前は野菜を買いに客として来ていたが、店主と仲良くなり、毎週、買い物ついでに手伝いをしている」と言う。隣で売っているワインを買ってきて、「どうぞ」とコップに注いでくれた。さらに自家製サラミを分けてくれた。筆者が日本の獣害の話をしたら、「このサラミは僕が射止めた猪だよ。売れないけどね、最高に美味しいでしょ！」と言う。確かに臭みがなく、柔らかで美味だった。

カンパーニャ・アミーカの創始者の一人で、全体のディレクターであるカルメロ・トロッコリは農家ではない。消費者としてファーマーズ・マーケットの実現に奔走した。きっとファーマーズ・マーケットは、コルディレッティの生産者だけでは実現しなかったに違いない。消費者の声がローマ市長に届き、その後、市内各地に農家と消費者が牽引する食農運動が広がった。それが、市民によるフードポリシーの策定につながったと考えられる。

最近、カンパーニャ・アミーカの活動は、新たな局面を迎えている。国境を越え、世界の団体をつなごうとしている。二〇二一年に世界ファーマーズ・マーケット連合（World Farmers

Markets Coalition）が発足した。ローマのカンパーニャ・アミーカがリーダーシップを発揮し、アメリカのファーマーズ・マーケット連合と組み、イタリアの法律のもとに設立された。ミッションは、環境と生物多様性を維持する農業の促進――そのために農地を守り、地域経済を発展させ、安心・安全な食への人々のアクセスを改善するのである。

イタリアを有機農業先進国にした小さな農村・ウンブリア

戦後の欧州共同体で最初に共通政策として発足したのがCAP（European Common Agriculture Policy＝欧州共通農業政策）である。戦争の痛手から立ち直り、アメリカに対抗するために最も力を入れたのは、各国の食料自給率を向上させ、国力を取り戻すことだった。実際にECの食料自給率は、価格支持政策によって一〇〇％に押し上げられたのだが、イタリアはCAPの財政措置規定を満たすことができず、その恩恵を得られなかった。しかし、その不運が、イタリア農業・農村独自のアプローチを育むことにつながった。

その一つが有機農業である。世界は今、脱炭素社会に向けて舵を切り、農業でも、化学肥料や農薬、化石燃料を使ってCO_2を排出する農業から、生物多様性を保全し、CO_2を排出しない循環型農業への移行が求められている。EUの食農政策「Farm to Fork（農場から食卓まで)」は、二〇三〇年までに有機農地を農地全体の二五%に拡大することを目標に掲げている(日本でも、二〇二一年に策定された「みどりの食料システム戦略」には、二〇五〇年までに有機農地を二五%にする目標が掲げられている。ちなみに、二〇二二年の日本の有機農地は、〇・七%程度)。今は有機農業先進地のヨーロッパであるが、イタリアはヨーロッパ諸国で有機農業が広く認知される前から先駆的な取り組みがあり、有機農産物の市場も拡大していた。

有機農業は偏見や差別に晒され、「心霊や占いで人を騙すペテン師や新興宗教者の普及活動」などとしばしば誹謗中傷された。日本でも、「全共闘運動以降、農村にユートピアを求めた共産主義者が唱える、政府への反抗」や「農村コミュニティを乱すいかがわしい活動」などと考える人もいた。しかし、ヨーロッパでは、一九八〇年代、過剰生産、劣悪な環境下での飼育による狂牛病の発生、農業による環境汚染などが社会問題になり、有機農業の有用性が注目されるようになった。一九九一年には、欧州委員会が有機農業と有機農産物の規則を策定し、先進的農法として位置付けた。

イタリアの有機農業は、国内耕作地面積の一五%を占める。その割合は世界第四位である。有機農家は南部に多い。それは、南部の農業が粗放的でもともと農薬や肥料の使用量が少なく有機農業に転換しやすかったことと、有機農業がCAPの直接支払制度(政府が市場価格に介入せずに生産者に対して直接支払われる補助金のこと）の一環である循環型農業、自然環境保護制度などに合致するためである。有機農家の半分が補助金目当てという厳しい指摘もあるが、イタリアの有機農業の成長にはEUの農業政策が大きく寄与してきた。しかし、EUの制度改革をきっかけにイタリアで有機農業が飛躍的に普及したのは、それまでの有機農業の広がりとそこから得た経験知の蓄積があったおかげである。

イタリアの有機農業普及の礎を築いたのは、有機農業組合を設立したジーノ・ジロロモーニである。戦後のイタリアでも、「合理的農業」が推進される中、化学肥料や農薬を大量投与する、集約的農業が推し進められた。ジロロモーニは、当時、マルケ州のイーゾラ・デル・ピアーノ村長だった。農村から都会に流出する村人、化学肥料と農薬で痩せる土地、年々収穫量が減る現状を目の当たりにし、苦悩する日々を送っていた。その時、農学者イーヴォ・トッティに巡り合い、土をよみがえらせ、かつ高付加価値を望める有機農法の導入に踏み切ったのである。有機農業を始めてから一〇年間は苦難の連続だった。当時は有機農産物の基準や認証制度が整備されておらず、有機食品が安全基準を満たしていないとして、当局に押収される悲運も度々起きた。このように政府からも消費者からも理解が得られず、市場開拓は簡単ではなかった。それでも一九七八年に、有機農業協同組合アルチェ・ネロ

（Alce Nero）を設立し、有機農産品とその加工品を開発して販路の開拓に着手した。また、有機農業規則の作成にも携わり、八二年には全国レベルの有機農業推進組織を発足させた。

一九八八年にＡＩＡＢ（Associazione Italiana L'Agricoltura Biologica＝イタリア有機農業協会）が設立された。そして、イタリアの有機農業規則を初めて発表した。ＧＡＴＴウルグアイラウンド交渉の真っ只中だったため、ヨーロッパ各地でＥＵの農業政策に反発し、農民によるデモが勃発していた頃だった。有機農業推進組織には、ＡＩＡＢのほかにイタリア以外の地中海沿岸地域も加盟するＡＭＡＢ（Associazione Mediterranea L'Agricoltura Biologica＝地中海有機農業協会）がある。ＡＭＡＢの活動は、①国に対して支援策を要求、②各州の有機農業基準の設定と管理、③消費者に向けた有機農業に関する情報の公開と提供、④障がい者の働く場（農場や工場）の提供、⑤有機加工品の開発と研究成果の情報提供、⑥学校給食での有機農産物の使用拡大と学童に対する食育などである。

ボローニャ近郊のビニョラで、地中海沿岸国の有機農家が参加する会議が一九九〇年に開催された。これをきっかけに、有機農業運動に火がついた。この頃スローフード運動が台頭し、イタリア独自の農村観光であるアグリツーリズムも登場した。有機農業、スローフード、アグリツーリズムが同時期に発足し、相互に連関しながら社会変革、ソーシャル・イノベーションを起こしたのである。

異業種のつながりが地域を盛り立てる

前節で登場したサン・ビンチェンツォにあるアグリツーリズム施設「ポッジョ・アイ・サンティ（Poggio ai Santi）」（以下ポッジョ）を初めて訪れたのは二〇二二年一一月。農村地域再生政策の調査の一環としてアグリツーリズムの新しいかたちを探るためだった。しかし、すでに観光シーズンは終わり、日を追うごとに寒さが増す季節だった。大抵のアグリツーリズムは、従業員の夏の疲れを癒すために、この時期は休業する。ポッジョも休暇中とのことだった。しかし、「持続可能なアグリツーリズムを学ぶために日本からやってきた」と伝えたところ、オーナーのフランチェスカ・ヴィエルッチは従業員もいないのに、快く迎え入れてくれた。

施設は丘の上に建ち、窓からは、木立の間にティレニア海を見渡せた。絶景だった。ヴィエルッチは、レセプションの奥の居間で、自家製ハーブティを振る舞ってくれた。フレッシュ感あふれるローズマリーのお茶だった。一般的なホテルでもルームサービスにハーブティを置いているが、簡易なティーバッグである。目の前の庭に咲いているハーブを、そのまま

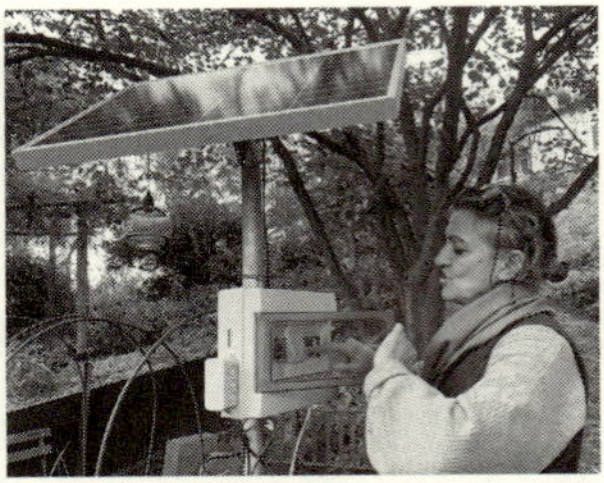

オルト・ビオ・アッティーボ　太陽光発電で水分コントロールされる仕組みを説明するヴィエルッチ

ティーとして味わえる宿泊施設は少ない。

レストランでは、庭から調達したハーブや野菜、自家製のオリーブオイルや小麦を使ったパスタやケーキ、近郊で取れる猪やトリュフなど山の幸、建物からも見渡せるティレニア海の海の幸など、地元で調達した食材を使った料理が並んだ。

ポッジョは、ピサ大学との連携プロジェクト「オルト・ビオ・アッティーボ（Orto Bio Attivo＝活性オーガニック畑）」を進めている。それは次のようなものである。庭にある奥行きの深いプランターの土底に特別なコンポスト（堆肥）を敷き詰め、その上に火山灰を敷く。電気をよく通す火山砂を利用して、土壌を活性化させるためである。散水機や土壌に流す電気はプランターに設置された太陽光発電で充電する。電気を流すことで、コンポストが早く分解され、作物によく効く肥料になる。散布された水も余分な分は吸い上げ、再び散布される。節水され、肥料も流れ出ない。このように、水や肥料をできるだけ外部から投入せずに、循環させる農業技術を開発しているのである。

ピサ大学は種子バンクをつくり、種の保存に力を入れている。ポッジョでは、こうした研究に賛同し、在来種を栽培して生物多様性の保全に努めている。庭のいたるところで栽培しているのは、珍しい品種の作物だ。

このプログラムは、大学の事業として実施されており、この循環型農法は教育プログラムに取り入れられている。また、使う種子も、一般的な慣行農業とは異なり、土着品種だ。この農法によってミネラルとビタミンが豊富な高品質の農作物が育つ。こうした農業に魅力を感じ、学びにくる学生が多い。

このプロジェクトは環境の持続可能性に寄与するが、同時に健康・健全な暮らしの実現につながる。トマトも多種多様な品種を栽培している（カラー口絵参照）。そのうち黒いトマトは在来種であり、抗酸化力のあるリコピンの含有量が多い。ここでは、主食の小麦も在来品種である。

在来品種がなぜ健康に良いのか。

パンなどを大量生産するために品種改良された現代の小麦は、グルテンを多く含む。グルテンが多いほど簡単に膨らみ、膨らんだままの形状をよく保つ。効率的に、短時間で大量生産するのに適している。一方、在来種の麦類はグルテン含有量が少なく、発酵に時間がかかる。しかし、長い時間をかける分、日持ちがよく、消化にも良い。アレルギー症の一因は、グルテンを多く含む小麦粉の大量摂取にあると言われる。イタリアでは、食に関心のある人は、グルテンと健康の話をよくする。筆者の友人は、ピザの良し悪しをジャッジする際に、「どのような小麦粉を使っているかを見極めるために、ピザの耳を手ですりつぶしてみる」と話していた。「硬く団子状になるものはグルテンを多く含む。大量生産された外国産小麦で、消化が悪い」と言う。

ヴィエルッチがこうした持続可能な農業の取り組みを始めたのは一九八四年。以来、在来種や野生植物にこだわって栽培し、それを調理し、振る舞ってきた。客に、食と農の循環を考えてもらうためである。

翌一九八五年にアグリツーリズムを始めた。当初は、農業を兼業する普通の宿泊施設に過ぎなかった。その後、彼女は地元の小規模農家とつながりができ、それまで温めていたアイデアを実現させるため、以前、自分たちの家だった場所に、レストラン、イル・サーレをオープンしたのだった。アグリツーリズムを始めて一〇年目のことである。そして、宿泊者が食農の循環を体験する場所にした。

　彼女は国内初のアグリ・ツーリストを立ち上げたメンバーの一人だ。農業を主役にしたツーリズムの必要性をトスカーナ州政府に訴え、法律をつくってきた。その経験が彼女を駆り立てたのである。

　彼女はトスカーナのコンファグリコルトゥーラ（confagricoltura, Confederazione Generale dell'Agricoltura Italiana＝大規模農家の組合）とも連携し、大学も巻き込み、州政府に対する働きかけを強化している。新たなアグリツーリズムのかたち（サスティナブル・アグリツーリズム）の確立をめざし、そのモデルコンセプトを地元に浸透させる活動もしている。農協にはいろいろな事業分野があるが、その中に教育文化活動があり、農閑期の冬向けに多くの予算が組まれている。彼女はその予算を活用して講演会やワークショップを企画、実施しているが、農業者だけではなく異業種の経営者も参加できるようにしている。

　その内容が面白い。特に人気なのが、他分野の経営者向けに、オリーブオイルが食卓に上るまでのプロセスを学ぶプログラムだ。イタリアでオリーブオイルは食事に欠かせないが、どのようにしてオリーブの実がオリーブオイルになるのか、そのプロセスを知っている人は意外に少ない。ワークショップでは、経営者は、オリーブの栽培から収穫の方法、オイルを搾る工程を実際に見学し、どの工程で味の違いが出るのかなどを試食など体験を通じて一から学ぶ。その後、経営者たちは、従業員を集めて、ワークショップで学んだオリーブオイルのつくり方を教えるようになるのだという。そうしたプログラムを通して、経営者から従業員へヴィエルッチのオリーブオイルの話が引き継がれ、ひいては多くの地元民が、安全で美味しいオリーブオイルをヴィエルッチから購入することになる。

第4章

南イタリア
――バーリ・フォッジャ・ファザーノ

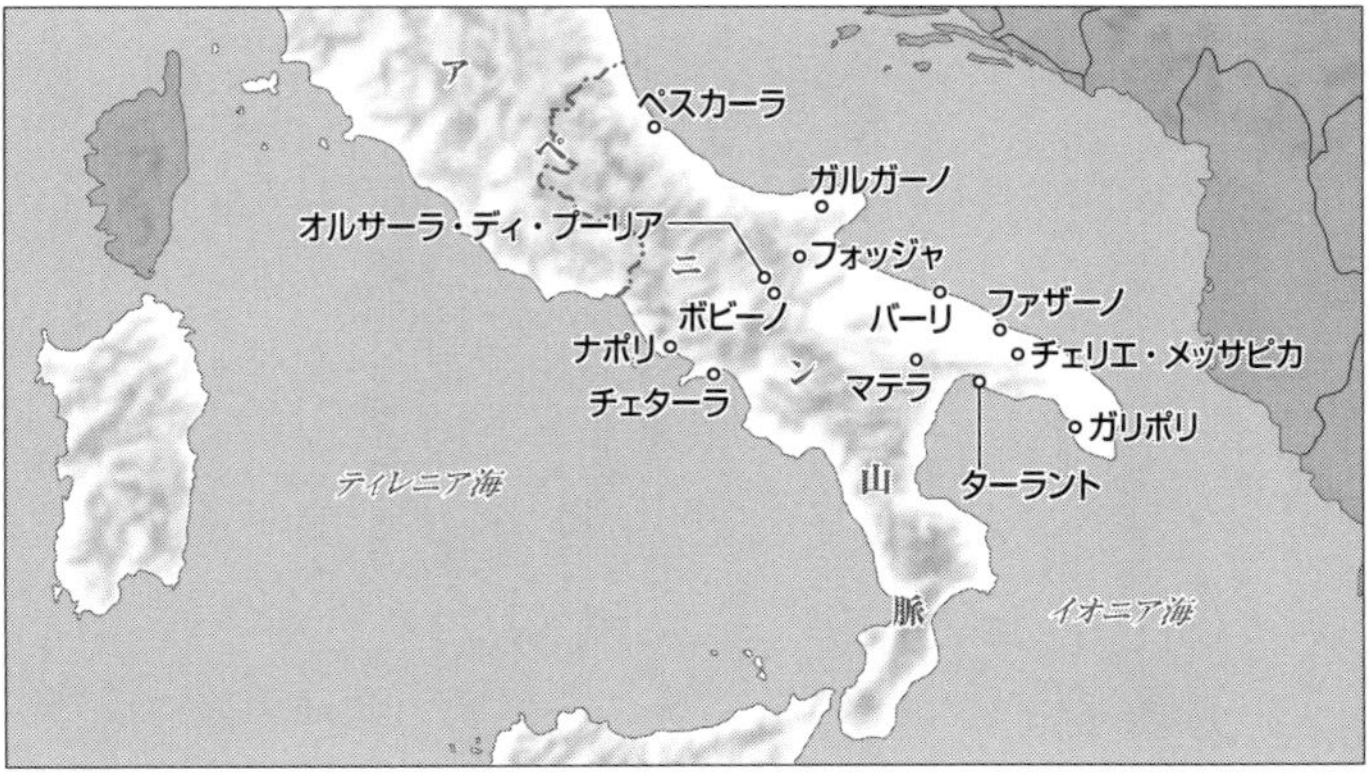

第4章に登場するおもな食材

チーマ・ディ・ラパ（Cima di rapa）：「チーマ」はてっぺん、「ラパ」はカブの意味。つまりカブ科の菜花のこと。苦味があり、耳たぶ形のパスタ「オレッキエッティ（Orecchietti）」と和えて食べる。

アックア・ビーバ（Acqua Viva）：一つ五〇〇グラムほどの大きさになる巨大紫玉ねぎ。バーリ近郊のアックア・ビーバ・デッレ・フォンティ（Acqua Viva delle Fonti：スローフードのプレシディアに認定されている取水が豊富な地域）で栽培される。甘みが強い。

ポリニャーノ・ア・マーレ（Polignano a Mare）：カラー人参。黄色、オレンジ、紫色など鮮やかで非常に柔らかく、収穫の際にすぐに折れてしまう。プレシディアに認定されている。

レジーナ・ディ・ポモドーロ（Regina di Pomodoro）：ミニトマト。皮が硬く、水分を閉じ込めることから、夏に収穫して吊るしておくと、冬場でもフレッシュに食べられる。プレシディアに認定されている。トマトのへたの部分を糸でひっかけて束にして吊るす。

ブッラータ（Burrata）：モッツァレラ系のフレッシュチーズに生クリームを添加したクリーミーなチーズ。中がとろっとしており、そのまま生で丸ごと食べる。

グラノ・ドゥーロ（Grano Duro）：硬質小麦。デュラム小麦とも呼ぶ。粘りがあり、パスタづくりに欠かせない。パンとして焼くと周りは硬く中身はもっちりとして日持ちがよい。鮮やかな黄金色をしている。

ボッラージネ（Borragine）：野草。かつて貧しく食べ物がない中で、野草を料理して食べた。「農民シェフ」ペッペ・ズッロがメイン料理に採用し、パルミジャーナ・ディ・ボッラージネという名物料理を生み出し有名になった。

スカモルツァ（Scamorza）：パスタフィラータ（新鮮な凝固乳を熱水中で可塑化および混練処理する）系チーズの一つ。熱を加えると非常に伸びる。そのままオーブンで焼いて食べる。

セナトーレ・カッペッリ（Senatore Cappelli）：プーリア州を代表する小麦。一九〇〇年頃、アフリカから持ち帰り、病害に強いことからプーリアを中心として南イタリアに普及した。しかし第二次世界大戦後は生産性の高い改良品種におされ、生産量は激減したが、今は有機栽培に適しており、ミネラルやタンパク質も多く含むことから再評価されている。

ボッコーンチーニ（Bocconcino）：水牛あるいは牛のミルクでつくられる一口サイズのモッツァレラチーズ。

ランパッショーネ（Lampascione）：らっきょうに似た形状をしたヒヤシンスの仲間の球根。苦味があり、丸ごとマリネにしたり、煮たりして食べる。

1　イタリアの胃袋を支える農業地帯プーリア

ギリシャ時代以来の異国支配ゆえの伝統

南イタリアと聞けば、思い浮かべるのはナポリやカプリ島などの観光リゾート地だろう。ナポリはローマ時代以前、「ネアポリス」と呼ばれてギリシャの植民市だった。プーリア州のターラントやシチリアのシラクーサなどもギリシャに支配され、「マグナ・グラエキア」

(大ギリシャ）と呼ばれ、交易によって繁栄した。この歴史が、南イタリアの人々のアイデンティティの形成に大きく影響している。

ナポリはローマ帝国が分裂してからは、ノルマン人の支配下に入り、両シチリア王国の中心都市として栄えた。その後、フランス、スペインの王朝に支配されたが、ナポリ自体は、常に外国からやってくる君主や王家が拠点を置く中心都市として華やかな宮廷文化が栄えた。食文化においても、ナポリ料理はイタリア料理の根幹を成している。ただし本書の目的は、イタリアの土着・風土に根ざした食の多様性を描くことにある。したがってここでは、ナポリの洗練された宮廷料理クチーナ・リッカではなく、プーリアのコンタディーノ（Contadino、イタリア語で農民の意）のクチーナ・ポーベラを中心に取り上げる。

プーリアの人口は四〇〇万人、州都はアドリア海に面する港町バーリ。南部最大の工業都市だ。旧市街は石づくりのパラッツォが連なり、迷路のようで、散策すると中世にタイムスリップした錯覚に陥る。小道上を建物と建物をつなぐ回廊がまたいでいる。街角の壁には、窓のように四角に切り取られた窪みがあり、そこにマリア像が埋め込まれている。マリア像の周りは花などで綺麗に飾られており、近所の人々が世話をしているのだろう。住人たちは、その壁の中のマリアに向かって祈りを捧げるのだ。

旧市街には、サンタクロースのモデルにもなった実在の聖人ニコラをまつるサン・ニコラ大聖堂がある。聖ニコラはロシア正教で最も崇拝されている聖人である上に、サン・ニコラ大聖堂には、聖人ニコラの頭骨が安置されているため、ロシア人の間ではとても人気のスポットとなっている。そのためロシアのウクライナ侵攻以前は、バーリ港には、ロシアからやってくる豪華客船がひっきりなしに停泊し、街はロシア人の買い物客で随分潤っていた。

長靴形の国土のちょうど踵に位置するプーリアは、アドリア海側に南北に細長く伸びる。内陸に行くと、イタリアの中央を縦断する山脈が連なっている。北はモリーゼ、西はカンパーニャ、南はバジリカータの各州と隣接し、ターラント湾まで海岸線が続く。断崖絶壁があれば、砂浜が続くところもある。

プーリアは「イタリアの胃袋」と言われるほどに多様な食材を育む。変化に富む地形とともに、古代ギリシャ以降、イタリア国統一まで、常々、異国の支配を受けてきた歴史のおかげである。

ギリシャの植民地だったプーリアは、その後、古代ローマ帝国、ビザンツ帝国に支配された。次にノルマン人が支配してホーエンシュタウフェン朝の時代に入り、プーリア人が愛してやまないフェデリコ二世の統治が始まった。

フェデリコ二世の没後の南イタリアは混乱の時代を迎え、支配は転々とした。アンジュー家、スペインのアラゴン王国、スペイン副王を経てオーストリア、スペイン・ブルボン王国、フランス帝国、そして再びブルボン王国に属するようになった。常に外国の集権的君主制国家の支配下にあった。イタリアに属するようになったのは、一八六一年、イタリア国誕生の時だった。長く外国の支配を受け、プーリアの人々は、自立心や起業家精神を奪われた。さまざまな支配者に対して叛逆することは少なかった。むしろそれを憧れや心の拠り所とする傾向があった。プーリア人が特に尊敬の念を抱くのはフェデリコ二世である。プーリア人のアイデンティティにつながる。「フェデリコ二世が建てた○○」「フェデリコ二世が訪れた○○」など、フェデリコを冠して語られる遺跡が多い。

地域には、それぞれその地域を守る聖人が祀られ、聖人の祭りも開催されるなど、地域の誇りとして大切にされている。教皇派に支配されていたプーリアでは、信仰心も篤い。平日の夕方や日曜日の朝のミサには、高齢者だけでなく、家族や若者も参列する。その後、親戚一同で昼を食べにレストランに行く。そうした習慣は、昨今、イタリアの都市部ではあまり見なくなったが、プーリアでは、バーリのような都市でも普通の風景である。

こうした古き良き風習がいまだに残っていることも、この地域の魅力である。青い海や世界遺産、そして季節折々の美味しい魚や野菜を求めてイタリア国内やヨーロッパ、ロシアから観光客が訪れ、その数はロシア人以外は年々増えている。

小さな村は、夏の観光客を取り込むために、趣向を凝らしてサマーフェスティバルを開催する。観光客を受け入れるために重要なインフラも、EUの地域開発政策のおかげで北部と変わらないレベルに整備されている。以前は、予告なく電車が止まったり、駅が閉鎖されたりすることがしばしばあった。最近は列車も美しくなり、駅にもエレベーターがついている。電車も時刻通りにくる。元々人気の高かったアドリア海岸沿いのリゾートが、昨今、オーバーツーリズムになっているのが若干心配な点だ。

イタリアの胃袋を支えるオリーブの一大産地

エトルリア人の高度な文明によって食文化が発達した北部に対して、南部はギリシャやアラブなどからもたらされた知識や技術によって、今日のイタリア料理になくてはならない食材が生み出された。オリーブオイルとデュラム小麦である。

オリーブの木は、ギリシャの植民地時代にギリシャ人とフェニキア人によって南部に持ち込まれた。その後、ローマ時代に食用として広く普及した。ローマ人は食用だけでなく、灯油や美容、薬用にも活用していた。特にエキストラバージン・オリーブオイルは、薬剤として治療に使用されていた。つまり、オリーブオイルは、暮らしのあらゆる場面に欠かせない必需品だった。

紀元前後のローマ人は、一人当たり毎月二リットルのオリーブオイルを消費していたという。その消費を賄うために、イタリア全土にオリーブ栽培が広がった。その中で最も高い生産量を誇っているのがプーリアである。元々、オリーブを持ち込んだギリシャに広い地域を支配された事情もあるが、砂利や荒廃した土地でも栽培できるオリーブは、土地の痩せたプーリアのどこにでも植えることができた。

プーリアのオリーブ生産は、ローマ帝国の滅亡によって衰退したが、その後、ヴェネツィア共和国の交易がきっかけで、中世に復興した。ブリンディジ、ガリポリ、オートラント、ターラントなどの主要港から国内外に輸出されたが、出港する船の半分はオリーブオイルを積んだ船だったこともある。そこで貿易を牛耳っていたのはヴェネツィア人だったが、トスカーナやジェノヴァ、ロシアなど、当時覇権争いに名を連ねていた列国もオリーブオイルの交易に熱心だった。

オリーブオイルの交易は、海路に加え、陸路の発達にもつながった。一五九九年、スペイン王フェリペ三世がマルガリータと結婚した。ナポリにやってきた王は、プーリア産オリーブオイルを最短でナポリに運ばせるために両都市を結ぶ道路を建設した。さらに、プーリアを分岐点として、南はカラブリア、北はアブルッツォに至る道を開拓したのである。

一五世紀には、オリーブオイルは全土に普及した。現在、プーリアのオリーブオイル生産高は、国内一位で四〇%を占めている。しかし、オリーブは、プーリアに経済的な豊かさをもたらさなかった。安い値段でトスカーナなど豊かな北部に卸され、そこで精製されて高級オリーブオイルとなって販売される。その儲けは、オリーブの生産者には分配されることはない。いくらオリーブオイルが高額で売れても、生産者はその恩恵にあずかることはない。しかし、二一世紀を迎え、特にリーマンショック以降は、変化が起きている。これまで、バルク（樽詰め）でオリーブオイルを北方に供給していたプーリアの生産者が、自前のオリーブオイルを販売し始めている。いわゆる六次産業化だ。

この現象は、若者の田園回帰とそれを後押しする国家政策が大きく影響している。一度都市部に出た若者が、大学で学んだ後、地元に戻ってアグリツーリズムなどで起業し始めているのだ。若者のスタートアップには、ＥＵや国が大きな補助予算を割いており、マーケティ

ウリービ・セコラーリ

ングやＩＣＴなどを身につけた若者が、地元で新しい農業モデルに挑んでいる。

プーリアで三〇〇〇年連綿と続くオリーブ栽培だが、ある場所に行くとその証拠を目の当たりにできる。オリーブの栽培は、プーリアの南部イトリア渓谷からサレント半島辺りで始まった。その周辺の、オストゥーニからファザーノ、モノポリ、カロビーニョにわたって、「ウリービ・セコラーリ（樹齢数世紀のオリーブの木の意）」と呼ばれる樹齢千年以上のオリーブの木を見ることができる。

州政府がこの一帯を「ピアーナ・ディ・オリービ（オリーブの木の平野）」というプロジェクトで保護している。ウリービ・セコラーリは、「地上一三〇センチメートルにあるオリーブの木の幹の円周の長さが一〇メートルを超えるもの」と定義され、一本ごとに番号札がかかっている。ＧＰＳ（衛星測位システム）で位置を確認できる老木は、巨大なしめ縄を縦にしたようなダイナミックなねじれがある。樹齢数世紀を超えるが、今でもオリーブの実をつける。この一帯はオリーブオイルの搾り業者が多数存在していたが、過疎化で廃墟となっていた。しかし、このプロジェクトが立ち上がってから、ファザーノのオリーブオイル組合が声をかけ、ウリービ・セコラーリからつくったオリーブオイルをブランド化して販売し始めた。古代ローマ人が味わっていたオリーブオイルが、二一世紀に復活したのである。耕作放棄され荒廃していた大地が、オリーブの木の再評価と景観整備からよみがえり、新しいビジネスチャンスを生み出している。

プーリアのこの辺りは、地形に多様性がある。丘陵地域があり、平野が広がる地域もある。しかし、オリーブの木を見ない地域はない。砂利と岩しかない痩せた土地のイトリア渓谷にも、オリーブの木は植わっていて、家庭でも自家製のオイルをつくっている。種類も多数あり、地域ごとに、単一品種で搾ったオイルを生産している。オイルのテイスティング（試飲）もまた、プーリアのアグリツーリズムの楽しみである。

デュラム小麦と極上のパン

イタリア料理に欠かせないもう一つの食材はデュラム小麦（イタリア語ではグラノ・ドゥーロという）。第1章でも触れたが、国産のデュラム小麦は、南イタリアで栽培されている。イタリアの法律では、乾燥パスタは、一〇〇%デュラムセモリナ粉と水でつくられたものしか認められていない。セモリナとは、粗挽きされた粉のことである。弾力の強い小麦粉なので、コシのあるパスタをつくることができる。

乾燥パスタは、カンパーニャ・グラニャーノが有名だが、プーリアでは、オレッキエッティやカバテッリ（Cavatelli）、チカテッリ（Cicatelli、ショートパスタ、オレッキエッティより小さい）など、実にさまざまな形状の乾燥パスタに出合える。昔はマンマが手で捏ねてつくっていた。今でも、バーリの旧市街地やプーリアの田舎に行けば、恰幅のいいマンマが家の入り口や軒先にテーブルを並べ、手捏ねでつくる様子が見られる。祖母から孫娘まで、三世代にわたって、ランチのパスタを手づくりする風景は、プーリアに限らず、イタリアの昔の田舎の懐かしい暮らしの風景である。でも、それも最近は影が薄くなっている。

プーリアのレストランでは、客は、最初に出されるパンやフォッカッチャをしっかり食べる。ミラノなど北部の高級レストランでは、客は出されたパンに手を出さない。最初からパンでお腹を膨らまさないためだが、北のパンは乾燥して硬く、あまり美味しくないという理由もある。プーリアでは、美味しいのでついつい最初から手が出てしまう。ピザ窯があるレストランでは、パンの代わりにピザ生地の焼き立てフォッカッチャが出てくる。これがまた美味しい。薪の芳ばしい香りがして、少し塩が利いている。イタリアのレストランではどの地域でも通常パンは無料だが、オリーブオイルがかかった素朴なフォッカッチャも、パンと同じく無料である。でも、ご馳走にも感じるほどだ。

日本人より生魚介を食べる唯一の地域

プーリアは、独特の野菜が多く、バラエティに富む。パスタとの相性も抜群に良い。メイン料理としても野菜が登場する。代表的な料理は、ファーベ・エ・チコリエ（Fave e Cicorie）である。チコリという苦味のある菜っ葉をくたくたに茹でてオリーブオイルで和え、そら豆のピューレを添える。プーリア人は、これを食べないと帰郷した気がしないという。野菜のパスタ料理に、オレッキエッテ・コン・チーマ・ディ・ラパがある。チーマ・ディ・ラパは、直訳すると「カブの頭」という意味だが、菜の花に似ている。オレッキエッティとニンニク、オリーブオイル、チーズを和えた単純なパスタだが、この一皿にプーリアの全部が詰まっている。ただ、こうした郷土料理も、チコリエやチーマ・ディ・ラパの収穫時期でなければ、食べようと思って訪れても食べられない。旬でない時の野菜は美味しくないからと言って、店側が出さないのである。客もオーダーしない。イタリアの食文化として、旬を味わうことが根づいているのだ。

イタリア人が野菜選びで大切にするのは、旬に加えて産地である。同じ種類の野菜でも、産地によって味も形も違う。特に歴史的にも評判のものは、産地名がそのまま野菜の名前になっている。例えば、アックア・ビーバという紫玉ねぎは、アックアビーバ・デッレ・フォンティというコムーネ（自治体）で栽培されており、アックア（水）・フォンテ（泉）の名の如く、瑞々しく甘いのが特徴である。大きいものはラグビーボールほどの大きさのものもある。七月頃に収穫されるが、暑くなる時期にアックア・ビーバのスライスサラダを食べると体が喜んでいるように感じる。このほか、色とりどりのカラー人参（カラー口絵参照）、ポリニャーノ・ア・マーレは、スローフードのプレシディアに認定されている。黄色、紫、赤、白と鮮やかな色を楽しめる。とても軟らかく、味が濃く、えぐみがない。生でポリポリと食べる。細長く軟らかいため、収穫に手間がかかる。ちょっと気を抜くと真ん中からポキッと折れてしまう。ポリニャーノ・ア・マーレは海に切り立つ断崖・絶壁が絶景の観光地でもある（カラー口絵参照）。

アックア・ビーバ

プーリアにはこのほか、スローフードのプレシディアに認定されている食材も多い。トッレ・カーネのレジーナ・ディ・ポモドーロ（トマトの女王の意味）は、冬でもフレッシュに食べられる小ぶりのトマトである。海の近くで栽培されるため、塩分を含んだ土壌に育ち、それが水分を閉じ込める硬い皮をつくる。この小ぶりのトマトは、綿紐でヘタを結わえて一房の葡萄のようにして台所に吊るしておく。すると表面が腐敗することなく、冬まで保存できる。マンマは、台所に立ってパスタソースをつくる際、頭上からこのトマトをもぎとってそのままフライパンに入れる。古代から伝わる工夫である。

レジーナ・ディ・ポモドーロがスローフードのプレシディアを名乗るためには、トマトと同じ畑で紐になる綿花も栽培しなければならない。昔、トマトを結わえた綿糸の原料を、同じ畑で栽培したという歴史を伝承していくためである。

魚介類も豊かである。イタリアでも唯一プーリアだけだが、魚介を生で食べる（カラー口絵参照）。シチリアやナポリでも魚介をたくさん食べるが、火を通さずに食べるのは、せいぜいマグロか鯛まで。それもカルパチョのように塩や酢などでしめる。しかし、プーリアでは、イイダコや小さなイカもその姿のまま丸ごと生で食べる。牡蠣やウニはもちろん、ムール貝やあさり、蛤《はまぐり》などの二枚貝も、レモンをかけてそのまま食べる。このほか、黒トリュフのような形状で中身はウニのような貝など、見たこともない海の幸にも出合うが、どれも生食する。それは、アドリア海は地中海よりも海水の塩分濃度が高く、殺菌効果があるためであると地元漁師が教えてくれた。

プーリアには、山の幸も多く、肉料理が豊富である。特にソーセージ類は有名で、例えば長いソーセージを渦巻き状にしたサルシッチャ・プリエーゼは、炭火で豪快に焼いて食べる。これも地域によって豚一〇〇%であったり、牛とミックスしたり変化がある。

「最も美しい村連合」

プーリアを六地域に分け、それぞれに特徴のある食べ物を紹介する。

最も北に位置するのはガルガーノとダウニである。プーリアで唯一の山岳地帯である。ガルガーノは、アドリア海に突き出た特異な地形をしているが、大天使ミカエルが三度出現したと伝えられるモンテ・サンタンジェロがあり、巡礼地となっている。美味しい魚が多く獲れるイタリアでも有数の漁場があり、モンテ・サンタンジェロを訪れる人々は、新鮮な魚介類を目当てにレストランを訪ねる。

ガルガーノには、トラブッコ（trabucco）という、南イタリア・アドリア海岸沿いに見られる漁のための伝統的建物がある。海に張り出すように建てられた木造の釣り施設だが、これをレストランに改造し、釣りたての魚を食べられるようにして、独特の景観を保護しているのだ。

ガルガーノから内陸へ続くダウニは、厳しい山が連なる。温度は平地と比べて平均五度は低い。霧が立ち込める湿潤な気候だが、起伏が激しく狭い土地という典型的な条件不利地域である。プーリアで最も過疎化が進んでいるが、この気温の低さと霧が、味の濃い美味しい野菜を育む。

ダウニの北隣には、南イタリアで最も広い平野のプーリア・インペリアーレ（皇帝のプーリア）が広がる。その名の通りフェデリコ二世にゆかりの地域で、フェデリコ二世が建てた神秘的な城、カステル・デル・モンテは世界遺産に登録されている。広大な平野では、穀物類やトマトなど大規模農業が営まれている。

その南東に位置するマーニャ・グレチア／ムルジア地域は、麦栽培や酪農が盛んである。直径五〇センチメートルほどもある巨大で中が黄金色のアルタムーラ（Altamura）地方の田舎パンが有名で、休日になれば遠方から買いにくる。また、ジョイア・デル・コッロというまちで有名なのは、乳牛のモッツァレラチーズ。まちのチーズ店はフレッシュなそれを買い求めにくる客でいっぱいになる。プーリアでは新鮮でクリーミーなチーズが豊富だが、最近、日本でもブームになっているブッラータもその一つである。生クリームを添加したリッチなこのチーズは、プーリアではモッツァレラのように日常食べるというよりは、特別の日に食べる。ブッラータを丸々一個のせたピザは、プーリアの名物である。

ダウニの東に広がるのは、州都バーリのあるルンゴマーレ（Lungomare、長い海岸の意）である。バーリの海岸には、工業化によって埋め立てられたところがある。それ以外は、砂浜の海岸線が延々と続く。バーリの中央市場には、肉、魚介、野菜、チーズなどプーリア中の食材が集まるが、ここでは新鮮な魚介類を生で食べるのが特徴である。

トゥルッリ

バーリの南には、世界遺産に登録された村アルベロベッロのあるバッレ・ディトリアが続く。トゥルッリ（とんがり帽子の屋根の家）が連なるアルベロベッロを中心に、オリーブの木の間にトゥルッリや農地を区分けする石垣が垣間見られる。トゥルッリは、見た目は可愛らしく、今ではＢ＆Ｂ（ベッド・アンド・ブレックファースト＝民宿）やホテルとしてリノベーションされて人気となっている。しかし、その歴史には悲話がある。この地域は石灰岩に覆われた痩せた土地で、オリーブしか育たず、農民は貧しかった。税の取り立てを免れるため、屋根の石を抜いてすぐに家を崩し、家がなかったように装うために、石を積み上げる特別な建造法を生み出したのである。

バッレ・ディトリアには、アルベロベッロの他にも海岸線に浮かび上がる白い円盤のようなまち、オストゥーニや、葡萄の段々畑で囲まれた白いお城のように見えるロコロトンドなど、その景観が唯一無二のものとして観光客を惹きつけるまちが点在する。そうした小さなまちが「最も美しい村連合」に加盟している。

プーリアの南端に位置するのはサレント半島。アドリア海とターラント湾に囲まれた沿岸地域である。ここは農地は狭く、穀物類は採れない。小さな農家が多い。それでも、この地域にしかない珍しい野菜が生産されている。また、美味しいワインの産地である。プーリアを代表するプリミティーボ種やネグロアマーロ種の葡萄の産地で、小さなワイナリーが点在している。珍しい鳥や植物も多く生息し、自然保護地区である。生物多様性の宝庫で、伝統的な昔ながらの底引網漁が営まれている。

イタリアでも日本と同様、漁業も高齢化が深刻である。幸いサレントの漁師は、比較的若い人たちが担い手になっている。それは、漁業組合の取り組みに負うところが大きい。

二一世紀初頭に漁場が枯渇し、危機的状態に陥ったことがある。漁獲量を増やすために、稚魚も一匹残さず獲るような漁業を行っていたためである。「このままではこの地域の漁業に未来はない」と考えた漁業組合は、スローフード協会の力を借りて、漁師と話し合いの場を持った。その場で、「昔ながらの持続可能な漁法を復活させよう」という提案が若手漁師から出された。スローフード協会の説得もあり、漁業組合は、小さな魚を獲らないよう大きな網目を使用する伝統的漁業を復活させるという提案の合意に至った。おかげで今、漁場は豊かに戻りつつある。そして次の代に引き継ぐ漁業法を、地元の子どもたちに教えている。

人口二万以下のまちに四〇軒以上のレストラン

プーリアの地勢的な特徴は、バッレ・ディトリアからサレントにかけてムルジェ（Murge）と言われるカルスト台地が見られることである。石灰岩が水などで溶け出し、地面が浸食されて谷ができている。カルスト台地から海に向かって流れる小川をラメ（Lame）という。中世には、農民はその川縁の岩に穴を掘って暮らした。石灰岩は軟らかいため、建てるよりも掘ってそこに住む方が簡単だったのである。

洞窟の住居は、いくつかの空間に仕切られていて、台所や寝室、そして家畜部屋があった。洞窟住居には戦後も人がしばらく住んでいた。こうした独特の暮らしは、文化的価値のある遺産というよりは、貧しさの象徴になっていた。

しかし、今では文化人類学的価値や歴史的景観が再評価され、保存と継承のために地元保存会が発足している。その一環として、洞窟住居を活用して「実物プレセーペ」というイベントを行っている。プレセーペ（Presepe）とは、クリスマスシーズン中に、イエス・キリストの降誕の場面を表す模型の展示物である。イエスを中心に、母マリア、その夫ヨセフ、天使、羊飼い、東方の三博士、牛やロバなどのミニチュア像が、洞窟や村に見立てた立体型の箱に飾られる（カラー口絵参照）。家庭向けのミニチュア像を販売するプレセーペグッズ専門店もある。「実物プレセーペ」の様子を見てみよう。台所では、祖母役や子どもたちがオレッキエッティを手づくりしていたり、仕事部屋では機織り機でショールを手織りしていたり、ある部屋では、本物の牛や馬が粉を挽く臼を回していたり、宴会のシーンでは、二〇人ぐらいの男女がお酒を飲みつつ、バンドの音楽に合わせて踊ったり歌ったりしている。洞窟の中は音がよく響くので、結構な音量で迫力がある。このように、実際の洞窟の中で、地元民がコスチュームを着けて、キリスト降誕までのシーンや、当時の暮らしを再現するのである。

実物プレセーペの様子

洞窟入り口

パスタ作りを教えている様子

バンドの生演奏でダンス

馬を引いてオリーブオイル搾り

一〇〇〇円程度の入場料を払い、入り口でワインをいただいて、そのまま洞窟の中に入っていく。ディズニーランドのアトラクションよりも、見応えがある。この実物プレセーペ・ツアーは、地元ボランティアが主催して、すべての道具、衣装は住民たちが調達してくるのだという。プレセーペは老若男女、動物が共生する社会を表すが、住民、特に子どもたちは、この取り組みを通じて、人と人、人と自然の共生する暮らしの意味を学んでいるのではないだろうか。

こうしたカルスト台地、ムルジェが広がる間に、景観もさることながら、食で人々を惹きつけてやまないまち、チェリエ・メッサピカ（Ceglie Messapica）がある。

人口二万人足らずの小さなまちだが、おしゃれなレストランが四〇店以上もあり、美食のまちとして有名である。街全体が白い壁で囲まれ、歴史地区にある建造物もきれいに修復され、街並みが美しい。歴史的景観保全の研究対象になっている。中世から農業と工芸が栄え、周辺には農業地帯が広がっている。戦後はテキスタイル業が発達したが、一九九〇年代、アパレル産業の後退に伴い、多くの繊維工場が消えてしまった。しかし最近は、ガストロノミーのまちとして地域振興に挑む。

郷土料理は、豆や野菜を中心とした前菜、サラミやチーズなど山の幸の盛り合わせである。パスタはオレッキエッティが多いが、トロッコリ（troccoli）という、きしめんのような手打ちパスタもある。特産のアーモンドを使ったビスコッティ・チェリエーゼという有名な菓子がある。チェリエは、昔から広い農地をアーモンド栽培のために使ってきた。自家製のアーモンドの粉を販売している農家もある。アーモンドの粉、蜂蜜、卵を混ぜ合わせ、サクランボ、葡萄のジャムを入れて焼き上げると、とても薫り高い焼き菓子になる。クリスマスや復活祭など重要な祭り、それに結婚式の際に、農家が手づくりして振る舞ってきた。

何世紀も前から食べられていたというビスコッティを評価し、守っていくために、二〇一〇年には地元住民と生産者が協同組合をつくった。スローフードのプレシディア、またヨーロッパの伝統的農産品として認定されている。

プーリアの海岸沿いのまちには、夏のバカンス時期にはヨーロッパ中から青い海を求めて人々が殺到する。内陸地の小都市は、そうした観光客は少ないが、距離的には近く、さまざまな祭りやイベントを企画して観光客を呼び込む。チェリエの売りはもちろん「食」である。

チェリエのフードフェスティバルの様子

旧市街の通り沿いに屋台が立ち並び、地元産のチーズやサラミ、ワイン、フルーツカクテルなどがところ狭しと並べられる。ソーセージや肉類の串焼きも炭火で焼いて売る。いい匂いに食欲がそそられる。特設テントでは、有名シェフが調理の実演をする。パネリストが料理や食問題について真剣に議論する討論会もある。イタリアでは、普段の夕食は二一時頃だが、夏は少し遅く二二時頃にピークになる。沿道も身動きがとれないほど混む。

チェリエ・メッサピカが美食のまちになった理由はは

っきりしないが、このまちには国立のホテル学校がある。イタリアのホテル学校では、調理も含めてレストランのサービス全般を、高校生から学ぶ。また、ALMA（国際イタリア料理学校）のプーリア支部がチェリエにある。また、地域食材と料理との結びつきが強いイタリアでは、田舎のレストランの方が、地元ならではの新鮮な食材が手に入り、各地域の料理法が学べるため、腕の良い料理人も多く、ミシュランの星を獲得することも珍しくない。

ミシュランの星の獲得で重要なのは、サービスである。いくら料理が美味しくても、客へのサービスが不十分だと高い評価は受けられない。ホテル学校では、サービスのプロフェッショナルを育成している。一方、料理人は、料理法を学ぶだけではなく、栽培法や産地の歴史など食材について学ぶ機会に恵まれている。豊かな食材の産地であり、ホテル学校や料理学校があったことが、チェリエを美食のまちにしたのだろう。

ラティフォンド（大地主制度）解体の余波

南部の農業形態は、ラティフォンドと呼ばれる大地主による広大な農地支配に特徴があった。

イタリアの農業は地域によって大きく三つに分類できる。一つはエミリア＝ロマーニャ州のポー川流域で行われる、灌漑・干拓地の集約的・大規模農業である。これは農業労働者を雇用した資本主義的農業である。二つめは中部（特に内陸部）の、小作人から生産高の半分以上を地主が取り上げる折半小作農（メッツァドリア）。そして三つめは南部のラティフォンド。不在大地主の下で、小作人が粗放的な耕作や移動放牧を行っていた。

ラティフォンドは、戦後もしばらく基本的に変わることなく続いた。しかし、一九五〇年代後半からの高度成長とEEC（欧州経済共同体）の発足によって、南部の産業構造も大きく変わった。一九世紀末以来の北部との経済格差、貧困、移民、山賊、マフィアなどの問題が山積して、構造改革が求められていたため、格差解消をめざして中央政府の介入が始まった。国は南部開発公庫を設立し、①農地改良による集約的農業への転換、②道路整備など公共事業の実施、③公庫の投資による工業誘致――などを展開した。ラティフォンドも解体された。

しかし、それにより行き場を失った小作農民を中心に、労働力が南から北に流出した。工業誘致による離農と北部への労働力流出は、南の農業にとってダブルパンチになった。しかも、農村に残った農家は近所の工場で働くようになり、農業の兼業化が進んだ。ラティフォンドの解体によって、小作人は農地を所有できたが、自作農の増加は、農業の零細化を招いた。離農によって耕作放棄地も増加し、南部の農業は危機状態に陥った。さらに追い討ちをかけたのは、EECの設立によって、圏内の自由化が進んだことだった。自国の穀物保護政策を維持することはできなかった。

大地主に代わって支配層となったのは、政府の南部開発投資に群がる「国家ブルジョアジー」である。彼らは政治家と癒着し、開発政策によって流入する公共資金を私物化した。こうした社会システムは一九九〇年代まで続いた。南部は、歴史的、文化的資源が豊富である。しかし、その豊かさは地域住民に還元されず、大地主や国家ブルジョアジーのように、権力に寄生して資源を収奪する「寄生ブルジョアジー」に収奪されてきたのである。農業も、公共投資によって大規模集約化された地域は限定的である。内陸の農村では、小規模零細農業が広がり、衰退の一途をたどってきた。

しかし、変革の起きなかった南部でも、今世紀に入りITが発達、SNSが浸透し、ソーシャル・イノベーションの兆しが見えている。二〇〇八年のリーマンショックがソーシャル・イノベーションを促進するきっかけになった。また、「Europe 2020」(EUが策定した二〇二〇年までの成長戦略)の農村開発政策やCAP(欧州共通農業政策)が、農村での若者の起業や雇用の創出を促進した。大学進学や職を求めて北部に移住した若者が、リーマンショックで就職できず、南に戻って復農したのだ。その中には、大学でＥＲＡＳＭＵＳ＋プログラム（高等教育の改善を目的とし、欧州内外の学生交流を促進する事業）によって海外経験を積んだり、修士や博士レベルの学位を取得した若者が含まれている。彼らが超消費社会生活と経済成長主義に疑問を覚え、帰郷して社会企業家になったり、親の家業を継いで農業を復活させたり、また、ワイナリーやアグリツーリズムを設立したりしている。その際、ＥＵの起業プログラムが助けになっているのだ。

アフリカからの移民受け入れをめぐる試行錯誤

新しい農業の動きをつくりつつあるのは、イタリア人だけではない。急増する東ヨーロッパや中東、アフリカからの移民も担い手である。南部はアフリカや東ヨーロッパからの移民の玄関口である。

一九九〇年代後半から二〇一〇年頃までは、海から上陸する移民は二、三万人台で推移していた。しかし、二〇一三年頃からシリアの内戦が激化し、中東移民が急増した。二〇一四年は一七万人、その後も年間一八万人に達し、イタリア社会は混乱した。その後コロナ禍で一時激減したが、二〇二一年頃からまた増加傾向に。二〇二二年には再び一〇万人を超えた。

国民に占める外国人の割合は、一〇%に迫る。

移民は、日雇いで仕事につきやすい職業を選択しやすく、特に人手不足の農業に従事する者が多い。農業従事者に、外国人が占める割合は二〇%に近い。今やイタリアの農業は、移民によって支えられている。

シチリアやナポリなど南の沿岸都市には、多くのアフリカ系移民が居住している。親を亡くした未成年も多い。こうした右も左もわからない移民を束ねて日雇い農業に斡旋するカポララート(Caporalato)という斡旋業者がいる。実態はヤクザに近く、少年移民の身分証を取り上げ、正式な移民申請をできないようにして違法に就業させ、ピンハネする。家を借りることができず、行き場のない移民は、市街地から離れた荒廃地にテントやバラック小屋を建てて寝泊まりする。「ゲットー」と呼ばれ、社会から隔離された移民村である。こうした場所は、大規模農業が多いフォッジャ県に集中している。そこには、低賃金の農業労働需要がある。カポララートを通じて不法移民を低賃金で雇い、生産コストを少しでも下げて利益を上げようとする、不正義が存在する。そうした農場で大量生産されるトマトは、工場で缶詰かジュースになる。加工原料のトマトは大手食品会社に安く買い叩かれる。ゲットーでは、ドラッグや賭け事、売春が常態化している。治安が悪化し、市民は移民に対して嫌悪/差別意識を抱いている。

ネガティブな存在と捉えられがちな移民だが、一方では社会変革を起こす起爆剤になっている。移民は農業のみならず、飲食・宿泊業などのサービス業でも不可欠な存在である。移民の社会的包摂なくしては、イタリアは成り立たなくなっている。昨今、こうした移民問題を解決しようと、その自立支援に取り組むNPO法人、あるいは自ら立ち上がって社会活動をする移民組織が生まれている。フォッジャには、サンカラ（SANKALA）というセネガル系移民による自立支援組織がある。ゲットーの解体に乗り出したイタリア人弁護士が、移民の自立をめざして立ち上げたNPOである。移民の若者がゲットーを出て家を借り、自立した生活をできるようになるまで支援する。規律もなく気ままに暮らせるゲットーは、身寄りも生きる術も持たない移民には、ある意味で心地がいい。教育を受けずに一〇代で漂着した若者は、人の愛情を受けた経験も乏しく、社会のルールやモラルに疎い。

カリタスのような宗教系の国際慈善団体は、移民を社会的弱者として保護し、教育、自立までを支援する。入居者は、寮のようなところで共同生活をし、食事をつくり、テーブルマナーを学び、買い物の練習をする。一週間の生活費を、団体から現金支給される。また、カリタスは、農園もしばしば持っている。農地は教会所有の場合もあるが、多くはマフィアから没収された土地や建物を改修し、実習の農地にしている。そこで、自立訓練が行われている。

こうした市民団体の支援によって、移民自らが起業して、農業法人をつくり、オリーブオイルの生産販売、栽培した野菜を使った料理の提供――など、食農を通じた雇用を創出している。

2　ポベラッチャ（貧乏食）の知恵

粉挽き場という公共空間

プーリア料理は、豆や野菜をふんだんに使う。冷たい皿から熱い皿まで次々と運ばれてくる前菜は、大地の恵みを凝縮した料理である。パン料理もさまざまである。トマトや茄子の入った分厚いフォッカッチャ、クレープ生地のように薄く伸ばした食パン生地とモッツァレラチーズやハムを重ねてロール状にしたインボルティーニなどがある。グラノ・ドゥーロ（デュラム小麦）の産地なので、粉ものの種類も豊富で独特のものがある。

例えば、ビスケットのタラッリ（Taralli）。小麦粉を捏ねて棒状にした後、一口ドーナツのように丸めてボイルする。さらにオーブンで硬く焼く。おやつや食事の際、必ず食卓に上る。ウイキョウの種やゴマ、乾燥玉ねぎを入れたものもある。ビールやワインのつまみにもなる。粉がぎっしり詰まっているので、食べると口の水分が吸い取られるような感覚になる。結構、腹持ちがよい。他に同じ形状でも、軽くカリカリ食感のフリセッレ（Friselle）がある。ブルスケッタのように具材を載せたり、オリーブオイルに浸したりして食べる。タラッリのようにドーナツ状にして一度オーブンで焼いた後、半分にスライスしてさらにオーブンで焼く。それでカリカリ感が出る。

プーリアは麦の生産が多いが、中でも重要な農業地帯は、タボリエーレ（Tavoliere）とテッラ・ディ・バーリである。タボリエーレは、今はフォッジャ県にあるが、六世紀以降の東ローマ帝国支配の時代に置かれていた提督の役職名にちなんで「カピタナータ」とも呼ばれる。北東は、ガルガーノ半島の山林、北西はアペニン山脈から続くダウニ山脈まで、山々に囲まれた広大な盆地である。オリーブ、トマト、麦を大規模農業で生産している。どの品目も国内一位の生産高を誇る。麦の生産は、プーリア全体の六〇％を占める。

一方、テッラ・ディ・バーリにもまた、ＰＤＯに認定されているグラノ・ドゥーロのパンを売るまちアルタムーラがある。もっちりと歯ごたえがあり、甘味も香りも強い。周辺のレストランはもちろん、バーリの市民がわざわざ週末に買いにくるほどだ。

アルタムーラのパンは、見た感じは、「これは岩か？」と思わず言ってしまうほど大きく、表面もごつごつしていて、手ではちぎれないような迫力がある。一つの重量は、最大五キログラムのものもある。周りが硬く焼きしめられているので、中は硬くはならない。いつまでも弾力を失わない。

麦の生産地には、小麦農家のための粉挽き場とパン店が必ずある。以前のイタリアには、学区ごとに粉挽き場があった。村人が集う拠点であり、公共空間でもあった。その遺跡がいたるところにある。最近は、その粉挽き場の再評価が進み、朽ち果てた粉挽き場を再建し、アグリツーリズムや農業体験をできる観光拠点にしている。

一六世紀以来の石窯――藁焼きの懐かしい香り

イタリア屈指のパンのまちアルタムーラ以外にも、訪れる客が絶えないユニークなパン屋がある。それは、ダウニ山脈の麓、人口三〇〇〇人に満たない村オルサーラ・ディ・プーリアにある。ユニークなのはその焼き方だ。

パンをどうやって焼くかと尋ねられたら、ガスオーブンか電子レンジかパン焼き機と答え

アンジェロ・ディ・ビッカリの窯。入り口横に「1526年の藁窯」のプレート

る人が多いだろう。パン通なら、「ピザと同じで薪石窯」と答えるかもしれない。しかし、ここで紹介するパンは、藁で焼く。一五二六年から続くパン窯の話である。この村の人々が共同で利用する公共のパン窯で、女性が集まって家族のためにパンを焼いていた。それ以前は、近くの教会の修道僧が鍋を炊くのに使っていたという。その後、昔ながらのパン焼きを復活させたアンジェロ・ディ・ビッカリ（Angelo Di Biccari）の先祖がこのパン窯を、石づくりの建物ごと所有することとなり、今に至る。アンジェロは五代目である。

アンジェロは、毎日、一つ四キログラムにもなる巨大なパンを四〇個も焼く。藁で焼くこのパンは、持ち帰って常温で放り出しておいても一ヵ月はもつ。防カビ剤など添加物は使っていない。生地を発酵させるイースト菌は、代々、この石窯に継承されてきた。

この石づくりのパン工房に入ると、そこは昔のままである。

天井にはオリーブの実を収穫するための梯子が吊り下げられ、焼いたパンを置く棚が石壁にそって並ぶ。かつて共同のパン窯だった頃、工房の使用料は、焼くパンの数によって決められていた。そのため数を少なくしてできるだけ大きなパンを焼いた方が得だった。四キログラムもの巨大なパンになった所以である。四キログラムという大きさは、一家族がほぼ一週間食べられる分量だった。また、大きなパンの方が美味しかったこともある。

パンコット

なぜ、薪でなく藁の石窯があるのか。それは、中世の農民にとって、薪が貴重品だったためである。薪は、暖房と料理にしか使うことを許されなかった。また、家庭でパンを焼くことは禁じられ、住民一〇〇〇人当たりに一つの共同窯が許された。そのため、薪を使わずに藁を燃やしてパンを焼く方法が考案されたのである。火をくべる部屋が上下にあり、中央には「地獄」と呼ばれる穴があいていて、下から火をつけるとこの穴をつたって熱が上っていく。「地獄」と呼ばれるのは、パンをこの穴からうっかり落としてしまうと、まる焦げになり大切なパンを台無しにしてしまうからである。温度は三五〇度に達する。その火加減を見るのに、最初にピザ生地を焼き、その周りの温度の低いところで鍋を置いて野菜を煮た。貴重な熱を無駄にしないということだ。今はこの習慣の名残か、アンジェロは、この同じ石窯で焼くピザや野菜の煮込み、パンの中身をくりぬいてスープ状の野菜を詰め込んだパンコットなどを提供している。

中世の農民の食文化を今に残す石窯パン。維持継承できているのは、もちろんアンジェロの情熱があったからである。しかし、それを支援し守ろうとする周囲の支えも見逃せない。一九九六年に創設されたパーネ・エ・サルーテ（Pane e Salute）協会は、生物多様性の保全をミッションとして、農民の伝統的食文化の保護・継承と本物の観光の実現を目的とした団体だが、アンジェロの取り組みを団体の創始者が知ったことがきっかけとなり、支援グループが発足した。メディアなどに取り上げられるようになり、工房には行列ができている。

大地に誇りを取り戻すカリスマシェフ

オルサーラ・ディ・プーリアは、中山間地域にある典型的な過疎地村である。それでも、アンジェロのパン焼きや、ハロウィン祭りには子どもたちのつくるかぼちゃキャンドルでまちをライトアップするなど地域おこしの取り組みで、今ではちょっと知られた観光スポットの一つになっている。ここでは、この地を有名にしたもう一つの背景について紹介したい。

ペッペ・ズッロのレストラン

それは、カリスマ料理人、ペッペ・ズッロ（Peppe Zullo）の出身地だということ。地元の野草を使ったメイン料理を創作して有名になった人物だ。

ズッロのレストランは、旧市街地から一キロメートル足らずの山間にある。山の中腹に屋敷のような建物がいくつか並ぶ。玄関からは壁があってわからないのだが、レストランに入るとその奥には、テラスに続いて野菜畑やワイン畑、牧場や森が広がっている。コンセプトは、「畑から食卓まで」である。

農家レストランだが、そのスケールが壮大である。全体で一八ヘクタールある敷地は、野菜畑が二・二ヘクタール、ワイン畑三・五ヘクタール、森も二ヘクタールの広さがある。森にはフルーツの木やキノコ類、自然栽培のハーブ園がある。ワイナリーやハム・チーズ工房も完備している。畑で採れた野菜や果物はもちろんのこと、ワイン、ハム・チーズ類も、原料からすべて自家製のものをレストランで提供する。

敷地内には、一七世紀の宮殿を改築した結婚式場や、研修生やスタッフが寝泊まりできる寮付きの料理学校がある。キッチンには最新の調理器具がそろっている。世界から研修生を受け入れており、日本人の研修生も少なくない。将来の食の担い手を育成している。この地域は元々忘れ去られた荒廃地だったが、ズッロは、その何もなかった大地に未来を切り拓く可能性を見出している。

ズッロは一九七〇年代に、メキシコやアメリカで料理の修行を積み、一九七八年にボストンにレストランを構えた。しかし、彼の料理のベースは、母親ゆずりの伝統料理。アメリカのファストフードとは相容れない。一九八〇年代中頃、ズッロは、人々に栄養のある料理をどうすれば届けることができるか、その方法を探し求めるようになった。その答えは故郷に帰ることだった。季節のゆっくりとしたリズム、食の生産から廃棄までの循環――ズッロは、自然の恵みとしての野草に、食材としての可能性を再発見した。

オルサーラに戻ってきたズッロは、テレビ番組などに積極的に出演し、料理や故郷について情熱的に語り始めた。早口だが、コメディアンのように人を笑わせる話術で、たちまち人気者になる。やがて、料理のレギュラー番組を持つようになった。彼の哲学は一貫している。食材がどこでどのように栽培され、どのように運ばれ、どのように調理されて食卓に上るのか、そのすべての過程を明らかにすることが、「質の高い食を実現し、人々の舌を喜ばせ、人々の健康を増進し、人々が本当の価値に触れることになる」と信じている。

そのため、実際に畑に出て野菜を栽培し、家畜を世話し、収穫、加工までも自分で行う。そうしてテーブルに出される品々は、野菜を中心にどれもプーリアの食材が詰まった逸品である。その中でも、ズッロのアイコンになっているのは、パルミジャーナ・ディ・ボッラージネ（La Parmigiana di Borragine）という野菜料理である。ボッラージネという野草を、スカモルツァ（チーズの種類）とパルミジャーノ、トマトなどを挟んでミルフィユ仕立てにした一皿である（カラーロ絵参照）。それまで野草をメインの主役に使う料理はなかった。ズッロはこの一品でイタリア料理界のコンテストで表彰され、注目されるようになった。

ペッペ・ズッロと。中央の花はボッラージネ

食材の扱い方は、実際にその食材を育ててみるとよくわかる。それを、一品の料理に仕上げるには、どのように食材を育てなければならないかを学ばなければならない。同じ食材でも季節によって味が変わる。土壌によっても変わる。何が美味しいのか、素材の味にとことん敏感になる。野菜の一番美味しいところを、シンプルにその味を楽しめるように提供する。

これがズッロの料理のコンセプトである。彼はスローフード協会創始者のペトリーニと親交が深いのだが、ペトリーニはズッロを「(荒廃した)大地に誇りを取り戻すことのできる農民料理人」と評している。

何もなかった土地に築いたズッロの夢の舞台は、大地に根ざす農民たちの伝統を、新しい切り口で次世代に継承していく食の実験場である。ズッロの料理は、これからさらに新たな夢に向かって進化し続けるだろう。

水車で挽き立て小麦の絶品フォッカッチャ

藁の石窯パン屋ズッロのレストランは、プーリアのアルプスと呼ばれるダウニ地方にある。この地域では多くの農村が人口減少と高齢化で限界集落化を迎えつつある。農地の荒廃は国土保全の観点からも大きな課題になっている。衰退する農村地域の振興には、アグリツーリズムやエノガストロノミー(ワインと美食)など、食×農×観光の六次産業化が効果を挙げているが、ダウニ地方でも、その取り組みが活発である。それは、EUの農村開発政策によるところが大きい。

EUでは、内陸地域や沿岸地域でアクセスが悪く、農業条件の不利な地域のことをインナーエリアと定義し、地域振興支援事業を推し進めている。その一つに、LEADERプログラム(コラム参照)がある。地域にローカル・アクション・グループ(以下LAG)——行政・市民・企業・教育機関など各セクターからステークホルダーが参加する組織をつくり、LAGが自ら振興事業を担うプログラムである。ダウニ地方にも、LAGがいくつか立ち上げられた。その中でも、十数年続いているLAGメリダウニア(Meridaunia)を取り上げたい。

都市部の人々の間でも、リーマンショック、コロナ禍を経験し、田園回帰の気運が育っている。メリダウニアは、都会の若者に対するローカルベンチャー支援策を打ち出して、起業に手を挙げた若者の事業の立ち上げ支援を進めてきた。その取り組みが功を奏し、面白い食農観光スポットが生まれた。

村のある高年の男性が、かつて地域のシンボルだった粉挽き場の復活に取りかかっていた。しかし、道半ばで、突然、亡くなってしまう。幸い彼の思いは、そのまま娘たちに引き継がれた。彼女たちは、メリダウニアの起業支援事業を活用したのである。娘婿が粉挽き場の改修の力仕事などを請け負った。

再建した粉挽き場で何をしたのか。粉挽きの水車を使った伝統的な農民生活の再現である。地元採れる食材を使う田舎料理をツーリストに提供した。母親が主戦力になって、お客に振る舞う料理を担当する。

普通は粉挽き場の横に水路が引いてあり、隣接して垂直型の水車が設置されている。しかし、ここの水車は外からは見えない隠された水車である。しかも、水平に回る水車で、ちょうど石臼がある粉挽き場の地下に吊り下げられている。水は山の傾斜を利用して、すぐそばを流れる小川から引いている。

粉挽き場には、時代ごとの農機具や農民装束が飾られ、農民文化博物館になっている。目を引くのは、小麦の展示である。地域には、それぞれ固有の小麦の古代品種がある。プーリアだけでなくどこに行っても、その土地の在来品種の小麦がある。在来品種の小麦のルーツを辿ると、その土地と歴史の密接な関わり合いが浮かび上がる。日本の場合、米は、品種改良されたものが農協から一斉に出回るので在来種の米を見つけるの

地下に放置された水平型の水車

石臼に小麦を注ぎ、中を確認する

は難しい。しかし、元々、日本にも自家採取された在来品種のお米が各地にあるはずである。カンパーニャ州のアベッリーノ地方に続くこの地域では、南部を代表するセナトーレ・カッペッリ（Senatore Cappelli）という品種の麦が栽培されている。これは一九〇〇年初頭、ストゥランペッリという遺伝学者が、北アフリカの小麦が病気に強いことを発見し、イタリアに持ち帰って栽培したのが始まりである。この小麦は、実際に病害に強く、一九二〇〜三〇年の間に生産高が、一ヘクタール当たり〇・九トンから一・二トンに増えたという。

それから一世紀たった今でも、セナトーレ・カッペッリは、プーリア特産のグラノ・ドゥーロ（デュラム小麦）として栽培されている。食料不足を解消し、何とか生産高を上げようと未知の品種を探し求めた学者の情熱、そして農民の努力によって、イタリアに新たな品種をもたらし、人々は今もその恩恵にあずかっている。農民文化博物館のような粉挽き場では、こうした人の努力の歴史、そこに結集した人の技が現在の私たちの食とどう結びついているかを教えてくれている。

小麦の歴史を教えてもらった後は、実際に水車で挽いた小麦粉でつくった料理が振る舞われる。フォッカッチャ、ピザ、フリセッレに野菜やオリーブ、チーズがトッピングされ、大皿にあふれんばかりに盛り付けられた料理が運ばれてきた。香りがよく小麦の味がしっかりして美味しい。

このほかにプーリア名物チーズのブッラータ、モッツァレラチーズを小さくしたボッコーンチーニ、サラミ・生ハム類などのアッフェッタールティ盛り（薄切り）や、茄子やズッキーニを薄くスライスしてオーブンで焼いてオリーブオイルをかけたズッキーニ・ポベラッチェ、各種キノコのマリネ、ちょっと苦みのあるらっきょうのようなかたちのランパッショーネというプーリア特有の野菜の酢漬け……。シンプルな野菜の前菜がテーブルいっぱいに並べられていた（カラー口絵参照）。

前菜で、お腹はいっぱいになる。ところが、この後にプリモ・ピアット（第一の皿）、セコンド・ピアット（第二の皿＝メイン）と続く。プリモでは、先ほど挽いたセナトーレ粉で手づくりしたオレッキエッティ（耳たぶのような形状のショートパスタ）を、チーマ・ディ・ラパという菜の花のような野菜とニンニク、ペコリーノチーズで和えるパスタ料理が出た。メインは、羊の炭火焼や、肉団子などが振る舞われた。イタリア人はパスタの茹で加減にとてもこだわる。特にロングパスタは、茹で上がってすぐにソースと和え、出来立てを、パスタが伸びてしまう前に時間をかけずに食べる。イタリアでは、食事に時間をかけるというが、実際に食べている時間は日本に比べると短い。皿を空にした後でおしゃべりを楽しむので、食事の時間が長くなるのである。

とにかくどこに行ってもマンマの料理パワーが素晴らしい。娘や娘婿、それと孫の食事は彼女がつくる。大家族の料理をダイナミックに、素材の味を壊さずに、そして愛情をこめてつくる。昔ながらの粉挽き場で、昔の暮らしを伝える農機具に囲まれながら心温まる家族の風景に出合い、マンマの料理の数々を楽しむ。家族の一員になったかのような心地よさを感じた。人を抱擁するような共食の場を、この粉挽き場では経験できる。

コラム　ＥＵ地域開発政策——ＬＥＡＤＥＲプログラム

ＬＥＡＤＥＲとは、「Liaison Entre Actions de Développement de l'Économie Rurale（農村経済発展のための活動の連携）」の意味である。ＥＵの共通農業政策（ＣＡＰ）は、生産者の所得保障のための政策と、農村地域開発政策の二本の柱からなるが、このプログラムは、後者の一つで、最も実効性のあるプログラムとして、ＥＵ加盟国は、ＣＡＰの補助を受ける場合、各国の農村開発事業の中に、必ずＬＥＡＤＥＲプログラムを組み入れなければならない。地域間、国家間格差の是正のために、新しい戦略を企画し、意欲的に取り組む人々の活動を援助する。一九九二年に地域を限定したパイロットプロジェクトとしてスタートした。

最大の特徴は、農村住民が主体となって地域振興事業を行うボトムアップ型であるということだ。日本では、農村開発事業を担うのは、自治体など公共団体だが、LEADERでは、事業実施主体は地域住民である。ローカル・アクション・グループ（LAG＝Local Actiton Group）という、地元民間企業やNPOやNGO、住民サークル、大学などの多様なセクターの代表から構成された組織体が立ち上げられ、LAGが事業の担い手となる。

採用されると、LAGはまず地域開発戦略（LDS＝Local Development Strategy）を策定する。LDSは、CAPの目的を達成するための戦略であるため当然連動している。例えば、現在のCAP（二〇二三～二七）では、農業収入の安定性の強化、デジタル化、バリューチェーンにおける農家の地位向上、生物多様性の保護、若手農業者の支援、環境保全に資する地域開発などの目的が掲げられている。これらの中から、地域ごとに優先課題を選定して、事業を展開していくのである。

また、LEADERプログラムでは、セクター間の連携やネットワーク、これまでになかったような革新的な手法（イノベーション）など、八つのアプローチの遵守が求められる。その中でも、最も重要とされるのが、ボトムアップ・アプローチである。

ボトムアップ・アプローチとは、行政ではなく、地域住民自身が自分たちにとって重要な課題やニーズを選定し、それに対して事業計画を立て、実行するというものである。日本では、普通自治体が地域計画を策定し、予算を組み実施するが、このプログラムでは、LAGが行うのである。つまり、行政に自分たちの暮らしを委ねるのではなく、住民自らより良い暮らしを築いていこうとする住民自治力の涵養につながっている。

また、地域の課題解決や新たな価値創造という視点も強調されており、デジタル技術の活用など、これまでになかったような革新的な解決策の創出が求められている。

LAGの規模やミッションは地域によってかなり異なるが、多くのLAGではアグリビジネスや観光ビジネス、デジタル化、職業訓練などに関連する事業を展開している。地元農産物の販売促進のための流通システム整備、農業特産物の開発、アグリツーリズムの開発、地元住民と旅行者の交流活動などである。

前項で紹介したLAGメリダウニアは、EUに表彰されるほど優良LAGである。LEADERプログラムは七年間事業であるが、一九九八年に最初に採択されてから、現在に至るまで採択され続けており、LAGの規模も大きい。コムーネや民間団体など七四団体で構成されている。ミッションは地域資源を活用した仕事・雇用創出である。特に女性・若者への起業支援や、移民の職業訓練・雇用促進に力を入れている。二〇〇四～一八年の実績は、起業コンサルテーション四一四件、起業四八社、仕事創出九三職、起業申請者平均年齢三五歳、投資額は約一五〇万ユーロになる。

投資セクターは、農業、伝統工芸、商売（美容院、オリーブオイル搾油会社、エステ、サラミ屋、生活用品雑貨店）、サービス（バール、レストラン、ピザ屋、トラットリア、法律事務所、建築事務所、外国人対応観光業）などである。

レジデンツァ・ドゥカーレ。左下はLEADERプログラムのマーク

LAGメリダウニアの事務局があるコムーネ・ボビーノにあるレジデンツァ・ドゥカーレは、Uターンした三〇歳前の若者が、廃墟化していた公爵の城を何とか再生したいと仲間を募り、リノベーションしてホテルにした。内装もできるだけ当時のままで、部屋は統一したインテリアではなく、それぞれにテーマに沿った内装を手づくりした。筆者が泊まった部屋の名前は「Ducale（公爵の）」。天井が高く、天蓋がかけ

られ、公爵の気分にさせてくれるような雰囲気であった。また、ホテル内には、城に残されていた調度品や絵画などが展示されている美術館がある。ただホテルにするのではなく、当時の記憶や歴史に触れ、他にはない唯一無二の価値を生み出そうとしているのだ。

ＬＥＡＤＥＲプログラムによって立ち上げられた事業は必ず、それとわかるように看板などを表示しなければならず、そのサイズやマークも決まっている。ヨーロッパの田舎を訪れると、必ずと言ってよいほどどこかでこの看板に出会う。ＥＵがいかに農村振興に力を入れているか実感できる。

人間関係が広がる若手集団ヴァザップのワークショップ

若者の田園回帰は、農業／農村に顕在化する課題解決の一助になる。これまでなかった新たな価値を創造するきっかけとなろう。農村にソーシャル・イノベーションを醸成するためには、膠着した社会システム、例えば地域の寄合に女性が参加できない慣習や上位下達の組織形態、などを変革しなければならない。そのためには、①人材や情報、資源を地域外から取り込む、②子どもから高齢者までの多世代間交流を促進する、③異業種、セクター間の壁を超えて連携する、など新たな関係性の構築が必要になる。

リーマンショック以降、若者の田園回帰の高まりに伴って、農村にいろいろなタイプの人材が集まる拠点、ルーラルハブ（Rural Hub＝田舎拠点）の存在が注目されるようになった。ルーラルハブは、人々の新しい関係性を構築するために、さまざまな分野の知識やスキル、能力を持った人たちが集まり、その土地の食、文化を考え、協働するラボ的な拠点である。そこでソーシャル・イノベーションが醸成される。

開発が遅れるプーリアでは、孤立する農家、前近代の否定的なイメージがまとわり付く農村、農業・農村を離れる若者の増加が問題となっている。しかし、二〇〇〇年以降のEUの農村開発政策や国の若者スタートアップ支援の強化のおかげで、新しい農業モデルが創出されたり、変化の兆しが見えてきたりするようになってきた。さらに、地球温暖化で農業被害が深刻になり、環境に負荷をかけるフードシステムに対する反省気運も育ってきた。そうしたことが重なって、遅れていたプーリアにも農村／農業の変革を求める人々が集うルーラルハブが創出されるようになった。

ここで紹介するのは、イタリア南部で最初に発足し、ルーラルハブ「ヴァザップ（Va'Zapp）」

の創始者ジュゼッペ・サビーノである。イタリア語で「va」は「行く、赴く」、「zappare」は「草刈りする、耕す」の意味である。つまり、ヴァザップは「さあみんな畑に出でよ!」である。そのミッションは、「農業という職業に誇りを取り戻し、自分たちの大地を守る」である。

ヴァザップは、二〇一四年、APS(Associazione di Promozione Sociale、社会的活動促進団体)のTerra Promessa(テッラ・プロメッサ=「約束された大地」の意)の商標に登録された。サビーノ(当時三六歳)ほか、多様な専門性を持つ二〇人の若者集団である。メンバーで農業を営むのはサビーノだけである。ほかは、建築家、デザイナー、メディア関係の専門家、プログラマー、学者、アナリストなどである。「貧しい、汚い、辛い」といった農業のこれまでのマイナスイメージを払拭し、若者が農地を放棄しないこと、そして農業の再評価、土地と人々の新しいつながりの構築をめざしている。

ヴァザップは二〇一三年、司祭ドン・ミケーレ・デ・パオリスとサビーノの出会いから始まった。パオリスは、貧困家族の支援活動を先導するリーダーだった。同時に、以前から、若者が故郷を捨てて都会に行くことを嘆き、「若者に大地の価値に気づいてもらいたい」という思いを持っていた。

若者に農業の価値を伝えたいと考えていたサビーノは、パオリスに自らの思いを伝え、二人は一気に親しくなった。若者が集まる街中の飲食店などに立ち寄り、生まれ育った土地がかけがえのない存在であること、それを若い世代が継承していくことの大切さを説いて回った。若者に農業や農村に目を向けさせる啓蒙活動だった。そうした過程でルーラルハブを着想し、パオリスは、所有していた農地をサビーノに寄付し、地域の未来を托したのである。

ヴァザップの名をイタリア中に広めたのは、「コンタディナー（Contadinner）」というワークショップである。当時の農林大臣マウリツィオ・マルティーナがこの取り組みに注目し、サビーノに会いにわざわざ彼の家まで訪ねてきた。コンタディーノはイタリア語で「農民」を意味する。つまり、「農民のための夕食会（ディナー）」という意味である。農家同士が食をともにし、普段話さない自分たちのことを語り合う。課題や思いを共有し、農業の活性化に資する新しい活動を生むつながりをつくる。それがコンタディナーである。

普通、農家は独立事業主である。グループになって働くことはない。また、自分の営農法などについては秘密にする傾向がある。隣の農家はしばしば競争相手である。これまでは、大卒の農民は少なかった。義務教育を終えていない農民も少なくなかった。つまり、コミュニケーションをとる、人前で自らの考えを述べる、ということに慣れていないのである。

サビーノは、子どもの頃から父親が一人孤独に黙々と農作業をしている姿を見て育った。父親からは「(農業のような)儲からず、汚れて、しんどい仕事はやめろ」と言われ、ミッションン系の学校に入れられた。しかし、彼自身は「農業とは人間にとってなくてはならない食べ物をつくる仕事、自然を相手にする尊い仕事なのに、なぜ農民は農業に誇りを持てないのか」とずっと考えていたという。そしてやがて「古い農業の考え方やしきたりを変える必要がある。そのために最も必要なことは、農家の孤立を解消することだ」と考えるようになった。コンタディナーは、こうした思いから生まれた。

コンタディナーの具体的な中身は、以下の通りである。農村で会場を提供するホストを探す。ホストと話し合い、テーマを決める。例えば、「有機農業の普及について」や「継業」、「地域農業の未来」などだ。次に地域の農業者二〇人の参加を募る。ヴァザップのメンバーは、会場の飾り付けや、夕食の食材調達やシェフ、スタッフの手配、参加者に配るワークショップキットの作成、招待状の送付、SNS投稿用のビデオ撮影の準備などを行う。

開催当日は、受付でアペリティーボ(食前酒)が振る舞われ、ワークショップキットが配られる。このセットを入れる袋やメモ用紙のデザインは、ヴァザップのメンバーのグラフィックデザイナーが担当する。会場では、麦藁の束でできた椅子が円形に並べられて、農業者が車座になって座るよう設けられているのだ。そうすると、お互いの顔が同じ高さで見える。フラットな関係でお互い向き合い、上下のない対等な関係性を表し、意見が出しやすくなる。ヴァザップのメンバーがファシリテーター（進行役）になる（写真はサビーノ本人がファシリテーターをしている）。農業者に、コンタディナーの意義を説明し、ワークショップのルールを伝える。重要なことは、相手が話している間はよくその話を聞く、というものだ。次に、二〇人の農業者に番号を振って、二人組をつくる。ペアになった二人は、ファシリテーターがあらかじめ説明した質問（三問）について話し合い、その内容をメモにまとめる。終われば、元の車座に戻る。そこで今度は、ペアの相手から聞いた話を、全員の前で紹介する。

コンタディナー。麦藁の椅子に円形で座る

農業者は、日頃、人前で話をすることもなく、話をしっかり聞いてもらうこともないし、相手の話をじっくり聞くこともない。こうしたいつもとは違う環境で語り、話を聞くことは、農業者にさまざまな気づきを与えてくれる。その気づきは、しばしば互いに協力して新たなビジネスを展開することにつながっている。その後、懇親を深めるために、夕食会になる。食事は、郷土料理や、参加者の生産物や加工品を使う決まりだ。会場の一角には陳列棚を準備し、参加者の農産品を並べ、即売し、農業者が他の農業者の産品を試食する機会をつくる。

参加者は、地元ワイン、参加者の農産品でつくられた郷土料理を食べながら、互いに会話する。ワークショップでは、最初、参加者の間にためらいや、何を話せばいいのかという戸惑いがある。しかし、やがて慣れてくると苦労話や自慢話で盛り上がる。最後は全員肩を組み、乾杯になる。

「農地でどれだけ多くの関係性を築けるか」

ヴァザップは、ほかにもさまざまな農業モデルを打ち立てている。例えば、「メロディ(MeloDay)」がある。これは、柘榴《ざくろ》の収穫祭りなのだが、収穫体験するのではなく、柘榴園そのものを楽しむ仕掛けが散りばめられている。バイオリンによるジャズ演奏や、採りたての柘榴を搾った生ジュースの供与、柘榴とシリアルを混ぜて地元シロップで和えた郷土菓子の振る舞いがある。イタリア語で柘榴は「メログラーノ(melograno)」。「メロディ」は、つまり「ざくろの日」と音楽を掛け合わせている。祭りの参加者は入場料を払い、農地で半日を楽しむ。参加者は、都市部からの人が多い。

サビーノは、普段農業と関わりのない人々を相手に農業の課題について語る。柘榴ジュースをつくるのは、アフリカ系の移民の労働者である。サビーノは彼らを紹介しながら手を取って「彼のこの素晴らしい技が、イタリアの農業を支えている。彼らなしでは、私たちが愛してやまない美味しい食材は食べられないのです」と説く。さらにサビーノは、移民農業労働者たちの存在の大切さを人々に訴えるために、「彼らの手を世界無形文化遺産にしよう！」という署名活動を展開し、話題になった。

彼らの機知に飛んだ農業モデルに共通するキーワードは「Bellezza（美しさ）」である。農地は自然を享受できる美しい場所だ。だから人が集まって楽しめる空間である。サビーノは、新しい持続可能な農業は、「生産高を上げていかに儲けるか」を問うのではなく、「農地でどれだけ多くの関係性を築けるか」が重要だと言う。ヴァザップは、麦畑の真ん中でシェークスピア演劇を鑑賞する「シェークスピア・ナイト」というイベントを開く。農業者が、一度も劇場に足を運んだことがないという話を聞き、農業者が文化・芸術に触れる機会をつくることを狙っている。こうした文化芸術イベントには、都市部からも観客が多く訪れるため、作品を楽しむだけではなく農村／農業についての理解を深める機会にもなる。つまり、都市と農村の交流促進を図る取り組みでもある。

また、「ひまわりプロジェクト」がある。サビーノの活動に賛同する農業者が協働して実現した。それは、プーリア人の憧れになっているフェデリコ二世のシンボルマークが浮かび上がるように農地にひまわりを植え、鑑賞するイベント会場にするというものだ。参加者は、ひまわりを背景に写真を撮り、アペリティーボとつまみを食べながら、黄昏の時間を過ごす。こうした美しい風景を撮った写真はＳＮＳに投稿される。土産に持ち帰ったひまわりを話題に、周りの人たちに祭りの思い出を語る。一週間ほどのひまわりイベントには、四〇〇〇人以上の来場がある。

ヴァザップは、ＥＵの研究推進事業の柱であるHorizon 2020に採択された研究プロジェクトＳＩＭＲＡ（Social Innovation in Marginalised Rural Areas）の研究対象となり、農業／農村におけるソーシャル・イノベーション・モデルの一つとして紹介されることとなった。四〇回以上実施されてきたコンタディナーの参加者を追跡調査し、コンタディナーをきっかけに参加者が協働して新たなビジネスを展開した事例が報告されている。

第5章

島々
――アグリジェント（シチリア）・サルデーニャ

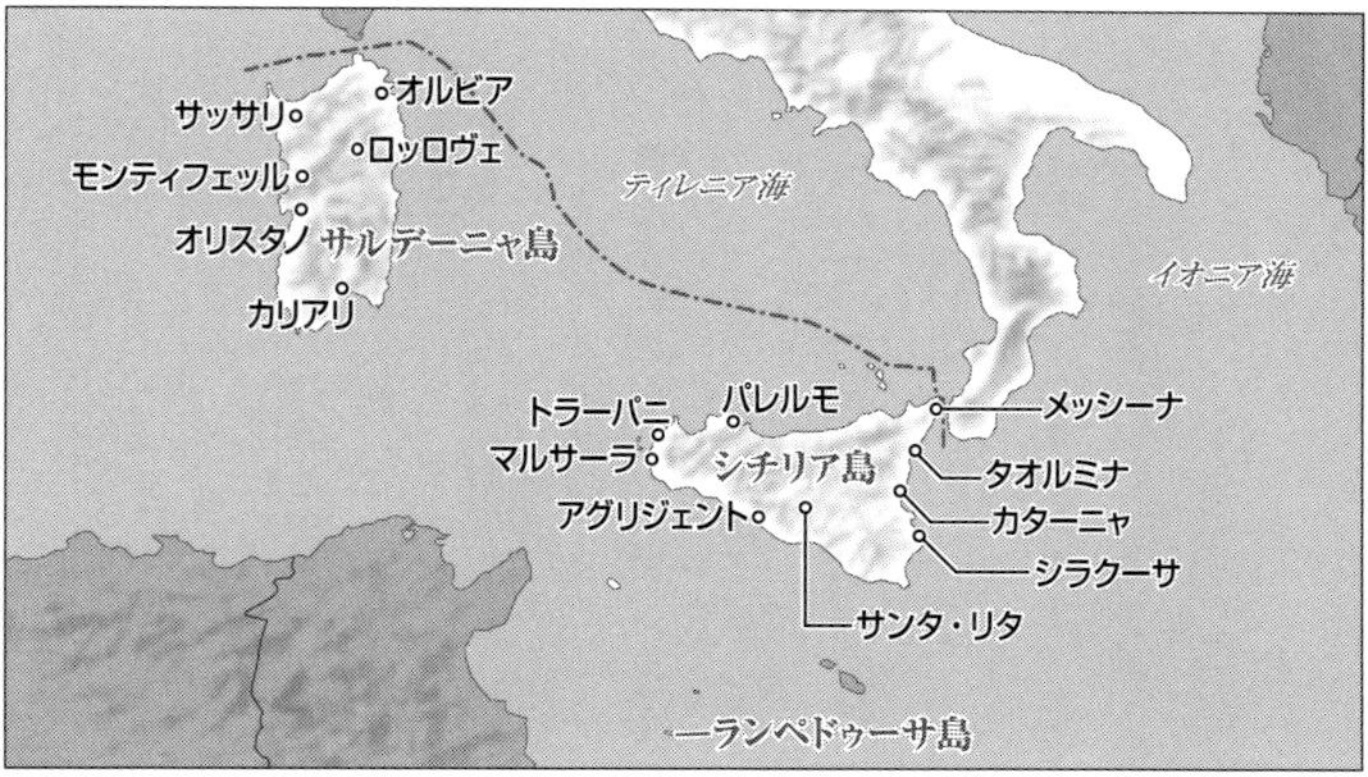

第5章に登場するおもな食材

マンナ・ディ・マドニエ（Manna delle madonie）：トネリコの一種から採れる樹液。トネリコは砂糖の原料としてシチリアで栽培されていたが、大量生産される白糖の流入によって今はほとんど栽培されなくなった。健康に良い食材として注目されている。

カンノーリ（Cannoli）：シチリアを代表するデザート。サクッと揚げた筒状の生地に、リコッタチーズのクリームがたっぷり入っている。元々は、お祭りの時などに食べられる祝い菓子。

ペコリーノ・サルド（Pecorino Sardo）：サルデーニャの羊乳チーズ。サルデーニャでは、伝統的に放牧で育てるため、良質の羊チーズが多く生産された。農民にとって貴重なタンパク源であり、欠かすことのできない食材。特にハード系は高価。

カーチョ・カヴァッロ（Caciocavallo）：カーチョとはチーズ、カヴァッロは馬の意味。乾燥・熟成させる時に馬の背の振り分け荷物のように吊るしたことからこの名がついた。南部地中海側の地域で生産されている。

カジゾール（Casizolu）：カーチョ・カヴァッロの一種。サルデーニャでは珍しい牛乳のチーズ。発酵度合いを四六時中見ていなければならないため、チーズづくりは女性の仕事だった。スローフードのプレシディアに認定されている。

1　多様な文化が交錯する島々

文明の十字路・属国としての島々

八〇〇以上の島々があるイタリア。その中でシチリア島とサルデーニャ島には王国が築かれ、多様な文化、歴史、そして資源に恵まれてきた。シチリアは、抜けるような青い空と海、白い壁にブーゲンビリアの鮮やかなピンク色がコントラストをなし、絵のような風景が広がる。しばしば、名作映画の舞台にもなった。

例えば、ジュゼッペ・トルナトーレ監督の不朽の名作『ニュー・シネマ・パラダイス』では、第二次世界大戦後のシチリアの小さな村が舞台になった。映写技師と少年トトとの触れ合いを通して、当時の村の様子が描かれている。封建的な考え方、横暴な権力者、貧しい生活の中で、少年は、人情とユーモアあふれる村人たちの間で明るく逞しく成長していく。ともすれば鬱屈した暮らしに陥りそうな環境で、このように明るく暮らせるのは、太陽の光や海の青、美しい景色、それに美味しい食べ物があふれているからだろう。

シチリアは、映画『ゴッドファーザー』によって「マフィアに支配される島」というイメージがあるが、島々にはそれ以上に人を惹きつけてやまない魅力がある。

シチリアは地中海の中央に位置し、古代より文明が交錯する島として「文明の十字路」と呼ばれてきた。最初にイタリアに

シチリアのオレンジの産地アグリジェント

高度な文化をもたらしたのは古代ギリシャである。マグナ・グラエキア（大ギリシャ）は、エーゲ海を越えて南イタリアを植民地化し、シチリアの主要都市も支配していた。シチリアの旗に描かれているシンボルマーク「トリナクリア（Trinacria＝三角形を意味し、シチリアの島のかたちをイメージしている）」は、その名残である。三脚巴の三つの脚の頂点は、最も本

土に近いメッシーナのペローロ（Peloro）、シラクーサのパキーノ（Pachino）、そして北西に位置するマルサーラのリリベオ（Lilibeo）である。

ギリシャ時代のシチリアは、高度な文明と優美な文化を謳歌した。シチリアの人々は、自然の恩恵を享受し、自由に暮らしていたと言われる。しかし、その後、カルタゴに支配され、ローマ帝国直轄の属州となってからは、シチリアのそれまでの豊かな緑は劣化し、人々の暮らしも変貌した。農家は重い税と歪んだ農業を押し付けられた。

シチリアは、ローマ帝国の穀物の一大供給地にされたのである。属州となったシチリアでは、ローマ帝国の領土拡大のために戦った騎士階級に広大な土地が割り当てられ、そこで大規模農場経営が行われるようになった。「ラティフンディウム（古代ローマ時代の奴隷労働による大土地所有制）」と呼ばれ、シチリア以外の南イタリアなどにも広がった。二〇世紀まで残っていたラティフォンド（大地主制度）の源流である。ローマ市民の胃袋を満たすために森を切り開き、農地を酷使してモノカルチャー的に小麦を栽培した。そのためシチリア東部では、砂漠化が進行した。

四世紀末には、ローマ帝国が東西に分裂し、シチリアは西ローマ帝国の支配下に入った。その後、ヴァンダル王国、六世紀にはビザンツ帝国の領土となった。この時代のシチリアは、侵略と略奪、目まぐるしく変わる支配に翻弄され、古代ギリシャ時代のような華やいだ景色はなかった。

シチリアの歴史が最も輝くのは、この後のイスラム王国の支配時代である。安部公房は『砂漠の思想』の中で、イスラム教を「商人のための思想」と述べているが、砂漠の民は、流動性と国際性を重視し、閉鎖的領土の拡大よりも交易の拡大をめざし、多様な市場圏を持つことがより大きな富をもたらすという思想を持っていた。

農業でも大きな発展があった。イスラム教徒がもたらした「農業革命」には、灌漑農業の導入がある。ローマ時代の水利事業を基盤に水車などの灌漑施設が建設された。これによって農産物の生産高が飛躍的に伸びた。ヨーロッパでは珍しかったレモンやオレンジを、こうした灌漑設備を使って大規模に栽培した。

サトウキビ、米、スイカ、メロン、ナツメヤシやピスタチオ、パピルス、織物の原料となる綿や麻、蚕、蚕の餌となる桑、皮をなめすための漆などがイスラム国からもたらされた。サトウキビはデザートづくりに欠かせないものだが、シチリアを代表するリコッタチーズのケーキ「カッサータ」(Cassata) は、アラビア語で円形のボウルを意味する qas'ah に語源があると言われている。この時代に生まれたデザートである。米の栽培は、一九世紀に水田が制限されたが、郷土料理アランチーノ（ライスボールにパン粉をつけて揚げたもの）として今に残っている。

イスラムがもたらした砂糖、歴史家フェルナン・ブローデルが「白い黄金」と呼んだ塩の生産は、その後、主要産業となり、経済を潤わせた。陶器の製造技術もこの時代に持ち込まれた。金属加工も発展した。

その後シチリアは、一一〜一二世紀にノルマン人に支配されたが、その初代王となったルッジェーロ二世は、イスラム人やその他の異教徒なども要職に配置し、イスラム時代にはなし得なかった民族と宗教の多様化を実現し、シチリアをさらに芳醇で人々を魅了する島に変えたのである。しかしその後、フェデリコ二世（ルッジェーロ二世の孫）統治の時代を通して、イスラム教徒に対する弾圧が激しくなっていった。

フェデリコ二世は、中世ヨーロッパの天才的君主として有名であるが、徹底した功利主義者だったと言われており、利用できなければイスラム教徒を容赦なく排除した。また、自治都市に対しても、公共施設の建設を許可しないなど自治権を抑圧した。

こうした統治はシチリア人の反発を生み、島の各地で反乱が起きた。フェデリコ二世の都市社会に対する抑圧的な支配は、南イタリア、シチリアの市民社会の発展を妨げ、その後の南北格差につながったとされる。

サルデーニャとシチリア――異なる歴史

サルデーニャは、古代ギリシャよりもフェニキア人がもたらした文化の影響をより強く受けている。現在のレバノン辺りに集住していたフェニキア人は、海洋民族で、航海による交易で繁栄した。彼らは地中海沿岸にコロニーを形成したが、サルデーニャもその一つだった。フェニキア人はサルデーニャの南西部に住み着いたが、領土を支配するのではなく、サルデーニャ人が農業、牧畜、手工業で生産した品々を買い取り、交易で稼いだ。その間には主従の関係はなく、むしろそれぞれが独立して生計を立てていたのである。サルデーニャは牧畜が主要産業で、サルデーニャ人は羊や山羊を飼って加工品をつくっていた。また、羊から取れる羊毛や羊皮を使って毛織物や革製品を生産していた。

しかし、その後、カルタゴの支配下に入って様相が一変した。カルタゴは、自由な交易ではなくサルデーニャの領土支配を求め、直接統治をめざしたのである。

その後、シチリアと同じくビザンツ帝国の領土となった。サルデーニャでは、シチリアのような広大なラティフンディウムはごく限られ、小規模な区画農地や共有地で畑作や羊、山羊の飼育を行っていた。地中海航路の港はカリアリに限られており、ビザンツ帝国からも距離が遠く、シチリアのように高度な文明の流入はなかった。また、サルデーニャ内陸の山岳地帯は、その地形の険しさから攻略をまぬがれ、緑豊かなまま先住民族の暮らしや習慣が残り、独特の文化を形成した。

サルデーニャではスペインの支配が続き、一八世紀のスペイン継承戦争の後、オーストリア領になり、その後サヴォイア家によるサルデーニャ王国が成立した。この時代のサルデーニャは、新たな作物が導入されて農業が再び発達した。しかし、一九世紀に入って、囲い込み王令が発令されて牧畜業が衰退し、経済、社会の発展を大きく遅らせた。イタリア統一の時（一九世紀中頃）には、サルデーニャの経済は悪化し、社会は極めて不安定だった。

このようにシチリアとサルデーニャは同じ地中海に浮かぶ島だが、風土も歴史も違う。それゆえ、両島にはそれぞれ独特の食文化が育まれた。

マフィア・山賊を生み出した統治

シチリア、サルデーニャについて語る時、マフィアと山賊の話題は避けて通れない。フェデリコ二世以降、一九世紀のイタリア統一まで、両島がヨーロッパ諸国の覇権争いの中で持ち駒のように支配され、翻弄された時代にマフィアと山賊が生まれた。北とは違う、貧しい、抑圧された農民社会が裏社会の温床になった。実際、マフィアと山賊が台頭した背景には、イタリア統一の時にシチリアやサルデーニャで独立を求め、立ち上がった民衆の反乱があったからだという。民衆の反乱は、両シチリア王国の再興を望む旧王国貴族や軍人、国家統一に反対する教皇派などの、さまざまな権力階級の思惑によって鼓舞されたものだった。

マフィアの発祥はシチリアだが、いつ生まれたのか諸説ある。イスラム王国滅亡の後、シチリアにいたアラブ人が逃亡した地域とマフィアの発祥地が重なっていることから、その起源をアラブ人に求める説がある。確かにマフィアの語源はアラビア語とも言われる。ただ、今のような犯罪組織ではなく、実際は大地主の横暴に抵抗する農民の武装集団、あるいは逆に不在地主の農地を守る自警団のようなものだったと言われている。ヨーロッパ諸国の覇権争いの舞台となり、支配者が目まぐるしく変わる混沌とした中、農民が生き延びるために自然発生した暴力組織だったのである。

マフィアは農業分野でも大きな影響力を持っていた。シチリアで有名なレモン栽培の大規模化にマフィアが深く関わっていたことを明らかにした研究がある。大規模レモン栽培は、利益至上主義のモノカルチャー農業で、小規模農家を淘汰してきた。マフィア支配の大規模農業に対して、農民の間に不条理、不正義への抵抗の精神が醸成され、市民とマフィアとの間で凄まじい闘争があった。一方、最近は、そのような血塗られた歴史とは無縁の若者が農村回帰し、島々の食と農に新たな芽吹きをもたらしている。

伝統的食材の宝庫・シチリア

シチリアの農業は、イスラムの統治時代に大いに発達した。その頃に持ち込まれた農作物や加工技術は、今のシチリアの特産品になって引き継がれ、シチリアの産業を牽引している。オレンジやレモンなどの柑橘類はその代表である。イタリアの柑橘類生産高に占めるシチリアの割合は六〇%以上に上る。

また、スローフードのプレシディアに認定されているシチリアの農作物には、スイカやピスタチオ、ケッパー、加工品としては伝統的製法による塩がある。小規模で希少な農作物が多い。スローフードのプレシディアに認定されている産品は五六品目もある。二番目に多いカンパーニャ州でも四一品目だ。シチリアが突出している。

元来、多様な農作物をつくってきたシチリアだが、政策的な後押しもある。EUの生産価格支持の補助金を受けられなかった南イタリアの小規模農家は、資金が乏しく、必要な機械や化学肥料、農薬を買えず、生産効率は悪かった。そのため量産の農業ではなく、希少なものに高付加価値をつけてつくる農業に傾斜した。それが結果的にプレシディア認定産品の多さにつながった。

グローバル化によって安価な農作物が外国から入ってきたため生産が縮退し、おかげで希少価値が生まれたものもある。パレルモから車で一時間半のところにあるマドニエの「マンナ」は、トネリコの木の樹液を精製した砂糖棒のようなものである。砂糖が貴重だった時代に、農家が換金性の高いマンナを生産した。シチリアの北部が特産地で、最盛期にはトネリコが何千ヘクタールも栽培されていた。しかし、急勾配な地形やその精製方法の難しさから、今ではマドニエのごく限られた地域でしか生産されていない。それでも今残っているのは、スローフードのプレシディアに認定されたおかげである。生産者が誇りを持ち、高付加価値をつけて販売している。果糖やグルコースの割合が低くミネラルが豊富である。そのため、健康食品としても注目されている。それだけでなく、トネリコの木の根がこの傾斜地の地崩れを防いでいる。マンナづくりは、伝統食文化を保護、継承するだけではなく、防災、環境保護でも重要な役割を果たしているのだ。ただ、現在マンナを主たる収入源としている者は二人だけである。

シチリアの郷土料理としてまず思い浮かぶのは、カジキマグロやイワシ、アサリなど魚介を使った料理である。

イワシを使った料理は、イワシのマリネなどのアンティパストからイワシに詰め物をしたサルデ・ア・ベッカーフィコ（太っちょイワシ）といったメイン料理まで種類が豊富である。筆者がメニューに見つけると大抵注文するのがイワシのパスタだ。手開きしたイワシとフェンネル、ニンニク、玉ねぎ、フレッシュトマトなどをオリーブオイルで炒めてつくる。独特なのは、松の実や干し葡萄、サフランなどイスラム時代にもたらされた食材が入ることである。

カポナータというイタリア定番の夏野菜トマト煮込み料理があるが、シチリアではカポナータは、茄子だけを煮込んだ皿が出てくる。また、調味料として砂糖が使われるのはシチリア風である。シチリア料理は、イタリアでは例外的に料理に砂糖や干し葡萄など甘味のある食材をふんだんに使う。昔、砂糖は貴重な調味料だった。しかしシチリアでは、イスラム統治時代にアラブ人がサトウキビ栽培を始め、砂糖が手に入りやすかった。アラブ料理には砂糖は欠かせない調味料だが、それが後にシチリアの宮廷や貴族階級の料理に反映され、やがてシチリアの郷土料理にもその影響を残すことになった。イタリアを代表するシチリア発祥の菓子が多いが、それは砂糖をめぐる歴史のおかげである。

カンノーリ（Cannoli）と並び、最も人気のある菓子のカッサータは、アラブとその後のノルマン時代の華やかな食文化を今に伝えている。一一世紀のパレルモは、ヨーロッパで最も華やいでいた都市だった。言い伝えによると、ある晩、羊飼いが羊のリコッタチーズに砂糖と蜂蜜を混ぜて食べたところ、美味しかったので、これを「Quas'at（おけの意味）」と名付けた。その後、カルサ広場でアミール（イスラム教国の総督）の料理人がQuas'atを知って持ち帰り、パイ生地に包んで焼いたのがカッサータの原型とされている。その後、ノルマンの時代に、修道院でアーモンドの粉がつくられるようになった（シチリアはアーモンド粉のクッキーが有名）。それを使って、今のような色鮮やかなカッサータが完成した。さらに、カッサータに、スポンジケーキ（イタリア語でPan di Spagna＝スペインのパンと呼ぶ）生地のものができたのは、一八世紀である。スペイン・マドリッドで生まれたスポンジケーキがサヴォイア家に伝わり、それがそれまでのカッサータと融合された。

シチリアの郷土料理は古代ギリシャからの文明の結晶である。温暖な気候のため、ワインの名産地でもある。土着の葡萄品種も豊富で、代表的なものに赤葡萄の「ネーロダーボラ（Nero d'avola）」、白の「カタラット（Catarratto）」や「グリッロ（Grillo）」がある。昔からの大規模なワイナリーもあるが、二〇〇〇年代に入ると、若手醸造家が新たなワイナリーを次々と立ち上げている。

ワインの一種であるマルサーラ酒は、その名の通りマルサーラでつくられる酒精強化ワインである。大航海時代にこの地にやってきたイギリス人が、スペインのシェリー酒をシチリアでも入手しようとして白ワインにアルコールを添加したことから生まれた。長期航海にも耐えられる高いアルコール度数のお酒が必要だったためである。マルサーラ酒は、熟成年数によって辛口から甘口まで種類が多くある。料理にもよく使われる。また、葡萄を干してからつくる極甘口ワインの「パッシート」も、シチリアの南西に位置するパンテッレリーア（Pantelleria）島でつくられるものが最高級とされる。その他、リパーリ（Lipari）島でしか生産されていないマルヴァシア種の甘口ワインなど、島々それぞれに唯一無二のワインがある。

世界五大長寿地域サルデーニャの食文化

一方、サルデーニャは北アフリカの影響が濃く、独立王国を築いていたこともあり、独特な食文化が残っている。海に囲まれ魚介も豊かである。ムール貝やアルセッレ（Arselle、蛤やアサリなどの二枚貝で、サルデーニャの方言）の煮込みは、バケツのような大きさのココット（耐熱容器）で出てきてびっくりするが、ニンニクとイタリアンパセリが効いていて、意外にペロリといける。また、北アフリカ料理のクスクスを大きくしたような「フレーゴラ（Fregola）」というパスタもサルデーニャならではの郷土料理だ。伊勢海老やカラスミの産地でもある。ただ、これだけ魚介類が豊富だが、魚介料理は島民の伝統料理というより外国人向けのもてなし料理である。島民の食の中心は、あくまでも山の幸なのだ。

サルデーニャには、険しい峡谷が多い。イタリア統一の際に、山賊の討伐を断念したほどだが、それだけ雄大な自然が広がる地域ということでもある。そうした大自然の中で、島民は古代から牧畜を営み、チーズづくりが行われてきた。サルデーニャ産の羊乳や山羊乳からつくる羊乳・山羊乳チーズは、「サルドのチーズ」として世界的に評価が高い。特に空気の澄んだ山岳地帯で放牧されて育った羊から搾るミルクが、高品質のチーズを生み出す。羊のミルクは牛乳よりも脂質が少なく、タンパク質が多く含まれ、栄養価が高く健康食である。

このチーズは、サルデーニャ独特の薄いパリパリのパン「カラサウ（Carasau）」にのせて食べる。サルデーニャでは、牧童らが長い期間放牧に出て帰宅しないため、長期保存の可能な、水分の少ないパンがつくられてきた。優美な景色を眺めながら、土着品種カンノナウ（Cannonau）のしっかりした赤ワインと一緒に羊のチーズを食べる。至福の時間である。

ちなみにカンノナウは、他の赤葡萄よりポリフェノールの含有量が多い。風がきつく、険しい土地で栽培されるためである。植物は育つ環境が厳しいほど、自分の体を守るためにポリフェノールを多く生成する。サルデーニャは、世界五大長寿地域（ブルーゾーン）である。この大自然の中で羊と長い時間歩く生涯現役の暮らし方、それに豆や全粒粉、野菜を多く摂取する質素な食事の恩恵である。

景観を公共財として保護するガラッソ法

ローマ、ヴェネツィア、フィレンツェなどの観光都市では、オーバーツーリズムが深刻な社会問題になっている。バチカン市国のシスティーナ礼拝堂やフィレンツェのウッフィツィ美術館、「最後の晩餐」が飾られているミラノのサンタ・マリア・デッレ・グラッツィエ教会なども、一九九〇年代は、事前予約もなく、ふらっと入れた。昨今は事前予約のチケットさえ入手が難しい。一方、観光都市の郊外や農村地域は、基本的には人口減少、高齢化で衰退している。それでも最近は、エノガストロノミーやアグリツーリズムの農村観光で賑わう地域もある。では、島々の観光はどうだったのだろうか。

シチリアには、すでに一九世紀に貴族のバカンス地として多くの別荘が建てられていた。

一八〜一九世紀の詩人ゲーテは、『イタリア紀行』で「シチリアなしのイタリアは、われわれの心中に何らの表象もつくらない。シチリアにこそすべてを解く鍵がある」と記述している。シチリアは、昔からヨーロッパの人々にとって憧れの地だった。

サルデーニャも、海に切り立つリアス式海岸の大自然と白砂のビーチが美しい。沿岸の都市に残るローマ時代の遺跡、アラゴン王国、ピサやジェノヴァなどの都市国家の名残、サヴォイア家の支配時代に建てられた建造物、その背景になっている青い海と美しい山岳風景は、国内外の旅行者を魅了する。北東部のコスタ・スメラルダ（エメラルド・コースト）は、故ダイアナ元妃やセリエAの有名サッカー選手が訪れ、ビジネス界のVIPが別荘を構えた超高級リゾート地として有名になった。

一九七〇年代以降、地中海沿岸地域は別荘の建築ラッシュに見舞われた。沿海は汚染され、森林を伐採して建設した高層リゾートマンションが立林し、古代の情景を思い浮かべる風靡なパノラマが脅かされる危機に直面した。自然、歴史、文化の景観を守るため、イタリアはガラッソ法を制定した。

ガラッソ法は、世界でも珍しい景観を公共財として保護する法律である。都市研究者の宗田好史氏が指摘しているが、われわれは環境保全の問題を二分して考える傾向がある。「身近な生活環境」と「地球規模の環境」である。この二つの「環境」をつなぐ、都市圏や広域空間レベルの環境管理制度／法律を持つ国は少ない。

同法制定のきっかけになったのは、一九八四年、ナポリ大学の教授で当時の文化・環境財省の政務次官だったジュゼッペ・ガラッソが同省令を起草したことだった。内容は、国土全土の海岸、湖沼岸、河川両岸から一定距離内の区域や、一定の標高以上の山岳地、国立州立公園や自然保護区など、環境保全の必要のある地域を、自然美保護法の風景規制下に置き、自然環境と景観保護のための風景計画を策定することであった。この省令では、風景統制下に置かれるカテゴリーの修正や風景計画を策定する権限を省から州政府へ移譲するなどの変更も行われ、最後はガラッソ法の設立につながった。

イタリアの市街地は、ヨーロッパの都市の中でも、飛び抜けて開発規制が厳しい。地区ごとに建造物の高さや窓枠の大きさ、壁の素材と色、屋根の色などが細かに規定されている。勝手に土地利用目的は変更できない。基本は、土地所有者に開発権や建築の自由は認められていないのである。それは、景観を「公共財」と捉えているからである。暮らしの空間と自然が織りなす景色を、公共財としての文化と連続して捉えている。日常生活のあらゆるところに歴史的建造物や文化遺産が見られ、暮らしと一体化しているのは、ガラッソ法の成果である。

政府による公共財の保護には長い歴史がある。ごく初期の法律が一九世紀中に制定されている。そして国家統一以来、公共財の定義と範囲を一貫して拡張してきたのである。一八六一年の国家統一後、一八六五年には土地収用法で歴史文化財保護が制定された。一九一二年に文化財に関する法律の対象が歴史的芸術的価値を持つ公園やヴィラ（住宅、別荘、宿泊施設）に拡張され、一九二二年には「眺望の美」を保全対象に加えた。つまり、景観が文化／歴史と自然の両側面から公共財に認定されたのである。そのため、農地も耕作に制限をかけようとしたが、当時は「眺望」の定義が曖昧であり、具体的な規制には至らなかった。理念をうたっていたのである。その後、一九三九年に、ガラッソ法制定の根拠となる、最も大切な法律「文化歴史財保護法」と「自然美保護法」が施行された。この法律を基に、「眺望」保護の対象地が定義付けられた。

ガラッソ法によって景観の保護が急速に進んだ。同時にこの時期、ヨーロッパ諸国で問題になった農業開発に伴う環境汚染や環境破壊についても、同法は、その耕作権や開発権を制限することを通じて農村景観の劣化に歯止めをかけたのである。

イタリアでは、景観保護法の下にある広域的景観計画によって、都市と農村の間に連続性のある景観美を保存、継承するようになった。また、公共権と財産権の制限に関して訴訟が繰り返され、その度に「景観の公益性」が再認識されてきた。そして、訴訟では、常々、「風景の価値が個人の私有権に優先する」という判断が下されてきた。

シチリア州、サルデーニャ州には、それぞれ一〇〇ヵ所以上の国立自然公園や自然保護地区、景観保護地がある。それらの面積の半分は自然保護対象地である。食の観点からは、耕作権の制限は、農地に有用な土地を荒廃させる危険性がある。そのことを勘案しても、イタリアでは、景観保護が開発に優先される。ただ一方で、農業振興の視点からは、土地を放置しておくよりも、適切な農地利用が環境保全と農地振興に寄与するとの意見もある。実際に、州政府が住民との合意の下、特例として自然保護地区の放牧や粗放的農業を認めるケースがある。しかし、その場合も、大量の農薬を散布するような生産効率を重視する土地消費型の農業ではなく、粗放的、すなわちできる限り自然を尊重して耕作するアグロエコロジーに徹することが特例の条件になる。

2　時空を超えてよみがえる伝統食と暮らし

伝統的製法による塩づくり（トラーパニ）

フェニキア人がシチリアに残した置き土産に塩づくりがある。イタリアはローマ時代、至る所に製塩所があったが、シチリアの北西部、トラーパニには、今もなお、中世から伝わる手法で製塩している塩田がある。トラーパニはフェニキア人によって開拓され、その後ローマ帝国によって討伐されるまで、カルタゴに支配された。八二七年にはアラブの統治下に入ったが、その時もたらされた果樹や野菜の栽培は、今もこの土地の豊かさを象徴するものになっている。それと並んでトラーパニの製塩は、中世当時の風景を今に残す貴重なものである。スローフード協会のプレシディアにも認定されている。

海に囲まれたイタリアでは、魚介はふんだんに獲れる。人間は魚介から必要な塩分を摂取してきた。日本にも、各地に貝塚があるが、あれだけ大量の貝を食べていたのは、生命維持に必要な塩分を摂取していたためである。人間は最初、海の食材から塩分を摂取していたが、塩をつくる技術を習得すると、今度は塩を食材の保存や加工に使い始めた。

古代地中海沿岸で最も重要な食材の一つ、オリーブは、油は搾れても実は食べられなかったが、オリーブの実を塩漬けすることで食べられるようになった。これはギリシャ人たちが発明し、ローマ帝国にもたらされた。塩は苦みを取り、食材を軟らかくする。塩は、食材をより美味しくしたり、保存したり、調理には欠かせないものである。製塩技術の発明は、食べるという行為を、文化に発展させる起点と言っても過言ではない。生野菜のサラダの語源は「Sale（サーレ、イタリア語で塩の意）」である。「塩をふる」という意味に由来する。ローマ人は、キャベツに塩を振り、酢をかけて食べることを好んだ。

地中海各地で水揚げされるクロマグロやサバ、またイワシなど「サルダ（Sarda）」と呼ばれる魚が、塩漬けされローマの港に運ばれた。シチリアの製塩所は、トラーパニや、トラーパニから船で約三〇分のファビニャーナ島に集中していた。クロマグロの有数の漁場だったためである。ローマ帝国時代、ローマ人は、製塩所のある地域に都市を築いていった。ローマに都市を構えたのも、ローマ沿岸部オスティアに製塩所を開設したからだった、と言われている。それまで塩は、もっぱらエトルリア人から買っていたのだ。それを、どうしても自前でつくりたかったのである。国内には「塩の道」がつくられた。また、その当時、兵士の給料は、塩で支払われていた。このことから、塩が給料を意味する「サラリー」の語源になった。兵士を意味する「ソルジャー」という言葉も、塩を意味するラテン語「サル」から生まれたとされている。

それほどに、塩は人の暮らしにおいて欠かせないものであり、製塩は、食材の保存や交易に不可欠なだけではなく、国家覇権を左右する重要な産業であった。

トラーパニに話を戻す。フェニキア人によって開拓された都市である。フェニキア人が交易によって当時の先進的技術や珍しい産品を運び込んだが、特に塩づくりは、その後の地域経済を牽引する最も重要な資源の一つとなった。海洋の民にとって海のかなたを眺望できる天空のまちエーリチェ（トラーパニの隣接コムーネ、標高七五〇メートルの高台にある）は、重要な拠点になった。豊かな漁場、製塩、そして戦略的な商地――トラーパニの塩田地帯が「オーロ・ビアンコ・シチリアーノ（白い黄金）」と呼ばれてきた所以である。

トラーパニで天日塩づくりが本格的に始まったのは、トラーパニ港がヨーロッパの主要な港となる一五世紀以降である。ノルマン人が塩生産を拡大し、アラゴン時代後期に地中海全体でその地位が確立された。まもなくヨーロッパでも主要な港となり、塩が主要輸出産業として地域経済を牽引することになった。

しかし、第一次大戦後は、サルデーニャのカリアリで工業化した製塩が拡大し、トラーパニは競争力を失った。さらに、安価な外国塩にも押されて、トラーパニの塩田は衰退していった。また、一九六〇年代には、甚大な洪水に見舞われた。大量の漂流物やゴミが塩田を覆い、プラントや器材は破壊され、壊滅的な被害を受けた。見る影もなくなってしまった塩田はしばらく放置されていたが、一九九一年の州政府の自然保護区設立に伴い、トラーパニからパチェコ（西隣のコムーネ）までの沿岸一体の塩田は厳しい景観規制の対象となり、一九九五年には世界自然保護基金（WWF）の管轄下に入った。二〇一七年にはラムサール条約に登録された。

ある時は、繁栄し永続的に続くと思っても、時代が変われば衰退していく。それは当然のことである。連綿と続いてきたトラーパニの製塩も、市場経済と独占資本主義の発達によって、途絶えようとしていた。しかし、ラムサール条約という、人間が自ら環境破壊行為を制限するためにつくった法律によって、救われたのである。今の私たちに、古代の人々の工夫や知恵を伝える貴重な存在となっているのだ。

トラーパニの塩づくりに必要なものは、海水と風、そして太陽である。製法はシンプルである。海水を、沿岸に掘られたさまざまな大きさと深さのヴァスカ（Vasca＝水槽）に溜め、風と太陽のエネルギーで水分を蒸発させる。そうして溜る塩化ナトリウムの大きな結晶をかき集める。ヴァスカは、一区画三〇メートルから五〇メートルまで五段階に分かれている。それぞれに名前がある。最初に一番大きなヴァスカに入れる海水は、「フリッダ（Fridda＝冷たい）」と呼ばれる。海岸に造られたシャッター式の水門が開き、海水が注がれる。常に吹きつける強い風と灼熱の太陽の下、海水が徐々に蒸発する。水分が蒸発すると、「アックア・クルダ（Acqua Cruda＝生の水）」と呼ばれる塩の濃度が増した海水が取れる。その後、「水の針穴」と呼ばれる水路を通って次の段階のヴァスカに運ばれる。最終的にはヴァスカの底に溜まった塩の結晶を、二〇人の職人がチームを組み、通常一チームか二チームで運び出し、二〇〇トンから四〇〇トンの塩の山に積み上げる。

自然の地形や気候をうまく活用してできた塩田の景観は、独特で美しい。その美しさは、大量に機械的に生産する製塩所では視覚的にも、感覚的にも感じることはできない。それは、自然と人との結びつきの結晶として塩が生み出される、ということを実感できないからであろう。

女性が守るサルドの伝統的チーズ、カーチョ・カヴァッロ

サルデーニャの山間地域をドライブしていると、放牧している羊の群れに遭遇する。パス

トーレ（羊飼い）が鐘を腰につけて鞭や棒を手に持って羊を先導し、牧羊犬が群れの後方で周りを警戒しながらついてくる。群れがアスファルトの道路を横切ることもあり、車を停めて羊が道を横断するのをしばらく眺めて待つことになる。サルデーニャには、元々、牛や馬はおらず、農家は半農半牧羊で暮らしていた。チーズも羊のミルクを原料にしたものが多い。羊乳は牛より脂肪分が少なく高タンパクで、栄養価が高い。サルデーニャは、健康長寿の島である。一〇〇歳以上の男性の長寿人口の割合が世界で最も高い。その要因は遺伝子というよりも、伝統的な食と暮らし方にある。それは、毎日、羊とともに山を歩く、雑穀や豆を食べる、栄養価の高い羊のチーズを食べる、ポリフェノールの含有率が他の葡萄品種よりも高いカンノナウの赤ワインを飲む、といったものだ。

イタリアの農家の食卓に肉が並ぶのは特別の時である。基本はチーズとパン、それに少量の野菜とワイン。それが最も平均的な食事であった。家畜も、丘陵地域や中山間地域などの条件不利地域では十分な農地が確保できないため、餌を大量に必要とする牛や、食肉にしか活用できない豚を飼うことは珍しい。集団で移動し、起伏の激しい地形でも放牧できて比較的餌の調達をしやすい羊、山羊の飼育が主流である。冬の厳しい山岳地域では、夏に家畜を標高の高い高原で放牧する。冬は麓に降り、家畜小屋で飼育する。常に家畜とともに時間を過ごす。農民にとって家畜は、自然をともに生き抜く同志、あるいは自然のさまざまな摂理を教えてくれる水先案内人である（カラーロ絵参照）。

他の地方では牛乳のチーズが主流であるが、サルデーニャには希少性が高く、ガストロノミーをうならせるチーズがある。「ペコリーノ・サルド（サルデーニャの羊チーズの意）」である。本土でも、高級品としてチーズ専門店に並ぶ。しかし、サルデーニャには、そのほかにも幻のチーズと言われるほど希少な牛のチーズがある。

それは、「カジゾール（Casizolu）」と呼ばれているひょうたんのようなかたちをしたセミハードのチーズである。南イタリアチーズの特徴であるパスタフィラータによってつくられるチーズ「カーチョ・カヴァッロ」の一種だ。「カーチョ」はチーズ、「カヴァッロ」は馬の意味である。チーズを熟成させる時に、チーズを天井から吊るす様子が、馬の鞍に袋をぶら下げて運ぶ様子と似ているため、この呼び名になった。

カジゾールのつくり方は、モッツァレラチーズと同じ（パスタフィラータの製法）。ミルクを凝固させ、布や籠で一〜二日整形した後、熟成庫内に天井から吊るす。「フィラータ（Filata）」とは、イタリア語で「糸にした」という意味である。糸状になったミルクのペーストを整形してつくるチーズは、すべてパスタフィラータである。モッツァレラをつくるナポリで始まったが、その後、南イタリア全土、さらにサルデーニャに広がった。

カジゾールをつくるミルクは、サルデーニャ土着のブルーナ種（Bruna）とモディカーナ種（Modicana）に、しかも一年中放牧で育てられた牛乳に限られる。つまり原料になるミルクを搾れる牛の頭数も、ミルク生産量も非常に少ない。そのため貴重で高価なチーズになる。大地の牧草を食べ、しっかり運動した牛の乳は良質で、当然チーズも美味しい。

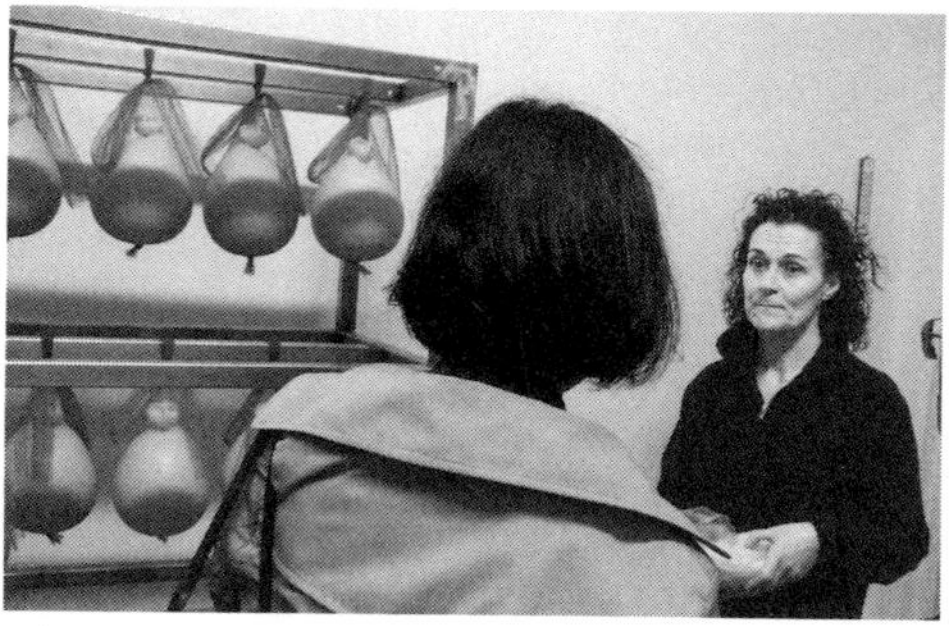

プレシディア認定のカジゾール工房。上の写真は、左からスローフード、LEADER、GAL Montiferruのマーク。下の写真はプレシディア認定生産者

少数の小さな工房で昔ながらの製法で生産されている。その起源は定かではないが、古代に遡るとされている。このチーズをつくるサルデーニャ中西部のモンティフェッル（Montiferru）は、火山地帯で鉄鉱石が採れ、先史時代のヌラーゲ文明の遺跡が残る。古代から文明が栄え

た地域で、酪農の歴史も古い。松や樫の樹林が広がる森林地帯には、猪やキツネ、サルディニアン野うさぎ、テン、サルディニアン山猫、ハゲタカなど多くの野生動物が生息する。生物多様性の地域である。

カジゾールのつくり手は、昔も今も女性である。男性は工場に働きに出て、女性が家庭を守りながらチーズをつくる。この習慣は、農村が工業化の影響を受けた結果で、そう古い話ではない。チーズづくりには、手間がかかる。カジゾールはカード（凝固乳の固まり）を裂いた後、発酵させるため数時間放置するが、良いチーズをつくるためにはその発酵状態を常時見極める必要がある。そして発酵は、夜中に起きる。つくり手たちは、寝ずのお守りを強いられる。したがって、昼間、外の仕事に就いている男性には難しい。

筆者は、夫婦でカジゾールづくりをする酪農家を訪ねたことがある。家のガレージの一角がチーズ工房になっていた。工房の表札には、EUのLEADERプログラムであることを示すプレートと、スローフードのプレシディアに認定されたことを示すカタツムリマークが貼ってあった。筆者が現地を訪れた時（二〇一六年）、スローフードのプレシディアに認定されたカジゾールの生産者は二軒だけだった。最近、イタリア農水省は、カジゾールをサルデーニャの伝統農作物に認証・登録している。

農作物の認証は、それ自体が利益を生むわけではない。しかし、国や州政府のお墨付きをもらえば、ブランド力のある地域の食材は、社会的、経済的に大きなインパクトを生む。地元観光PRの貴重なコンテンツになって、地域の知名度の向上につながる。

一二人の若者がよみがえらせた小さな村

日本では、昨今、民家もまばらな山奥に行列のできるカフェや予約の取れない農家レストランが出現している。テレビ番組「人生の楽園」でも、リタイアした夫婦たちが、昔からの夢を叶えるべく田舎に移住し、農泊や地域食材を使う店を構え、第二の人生を満喫する様子が紹介されている。それまでの経験を活かし、田舎で新たな生業を始めることは、人々に刺激を与え、コミュニティが活性化するきっかけになる。新型コロナウイルスのパンデミックは、田舎移住に惹かれていた人々の背中を押した。

イタリアでも、コロナ禍以降、都市部から田舎への移住が若者世代で増えている。政府や地方自治体が若者の地方での起業を支援している。

シチリアやサルデーニャでは、海岸沿いの高級リゾート地や州都は、産業の集積があり、賑わっている。しかし、内陸部に入ると、地域の衰退が目に余る。山岳地域では、廃墟となった空き家が多く点在する。村機能を残していても、消滅に近い状況のところが多くある。しかし昨今、こうした荒廃した地域に若者グループがIターンやUターンをし、村ごと再生し始めている。

ここで紹介する若者の村再生物語は、RAI（イタリア放送協会）の短編ドキュメンタリービデオシリーズ「Generazione Bellezza（美の世代）」に収録されている話である。二〇二〇年から製作され、毎年一〇本の、二〇二四年には二〇本もの新たな物語が追加されている。監督はダビデ・リナルディ（Davide Rinaldi）。ジャーナリストで放送作家のエミリオ・カサリーニ（Emilio Casalini）が企画、物語の案内人を務めている。この映像のテーマは、「地方都市から山岳地域まで、これまで見過ごされた芸術的、文化的『美しさ』を再発見し、その価値を市民に気づかせようとする実践者の物語」である。

舞台はサルデーニャの北東、内陸部にあるバルバジャ地方の村ロッロヴ（Lollove）である。中世の石づくりの家が残る小さな村で、樹齢何世紀にもなる樫の木の森に囲まれた山間にある。この村には、聖人に仕えていた敬虔な修道女が、土地の羊飼いと思いをかよわせたため、村から追放された、という悲しい伝説がある。ある若者グループが、この伝説と村名から、「村を愛する」という意味を込めて自らのグループ名を「ロッロヴェール（Lollovers）」と命名し、村の再生活動を始めた。メンバーは現在一二人。それぞれに専門スキルを活かし、村の自然と文化的資源を活用したコンテンツを提供して観光客を呼び寄せる。ロッロヴェールの創始者は、当時二〇代のシモーネ・チフェルニ（Simone Ciferni）である。高校卒業後、外国に出て仕事をしていた。しかし、数年前に故郷であるこの村に戻ってきた。

シモーネたちが始めたのは、村の伝統の掘り起こしだった。村には「ロッロヴは海の水の如く。決して増えることはないがなくなることもない」という言い伝えがある。村に踏み入ると、石づくりの家が残っていて、中世にタイムスリップした感覚になる。郷土料理も残っている。あれもこれも格言通りである。彼らは、まず、郷土料理教室を始めた。この地に伝わる手打ちパスタ「ドメニケッドス（Domenichedos）」は、地元出身のディーノが、土地の小麦粉を練るところから料理法をデモンストレーションする。「ドメニコ」は「日曜日」を意味し、「ドメニケッドス」は日曜日や祭日につくる特別なパスタである。

一二人しか村人はいない。ゆっくりと時間が流れる。静かである。伝統の郷土料理を呼び水に、都会の人々にこの村を訪れてもらう。建物のリノベーションも、外観を残して内装はモダンに造り替えるのではなく、内装もできるだけそのままのかたちをとどめるようにしている。道具博物館はロッロヴェールの副代表が立ち上げたが、この博物館には、昔の農具を展示している。

また、ロッロヴェールは、村全体を結婚記念の写真撮影の会場にしている。中世の風情いっぱいのこの村は、どこを撮っても絵になる。メンバーの一人は、プロのフォトグラファーである。この村には、一五〇〇年代初頭に建てられたゴシック様式の教会がある。今も美しい状態で維持されており、毎年二月三日に聖人の祭りが開かれる。こうした教会や祭りは、新婚カップルの新たな門出を祝うのに相応しい舞台となる。写真撮影は一日では終わらない。カップルは宿泊し、手打ちパスタを食べ比べ、ロッロヴェールのメンバーの祝福を受けながらハネムーントリップを楽しむ。

この滞在型の結婚記念撮影＋郷土料理ツアーは、外国人に人気がある。アメリカやインド、アラブ諸国から遠路新婚の旅行者がやってくる。

過疎地でたった一人始めた若者の挑戦

ここで紹介するのは、シチリア中部にあるカルタニセッタ市の村サンタ・リタである。わずか住民一一人の集落の物語である。一人の若者が始めたパン店が注目を浴びている。サンタ・リタは、一八九五年にカニカッティのローミア男爵家の命令と農民の要望に応じて設立された。集落は、男爵の妻リタ・ボルドナーロ・ラ・ローミアに捧げられ、彼女の希望で、聖リタに奉献された後、教会が建設された。聖人の名が集落の名前になっている。

シチリアの中央部は、なだらかな丘陵地帯が広がる。サンタ・リタ集落に近づくと、村のシンボル、ピンクのファサードが美しい教会とその鐘楼が見えてくる。教会の周りには、数軒の家がひっそり寄り添うように建ち、建設当時の佇まいを残している。住民は農家、酪農家、羊飼いの四世帯が住んでいる。

動物の鳴き声しか聞こえなかった限界集落に、数年前から美食家が訪れるようになった。そして、スローツーリズムの楽しめる集落としてその名前が広く知られるようになった。その立役者は、一九歳でパン店を始めたマウリツィオ・スピネッロである。

彼はサンタ・リタに生まれ育った。この集落が好きだった。しかし、まわりの同級生たちは皆外に出て行ってしまった。そこで彼はこう考えるようになった。「この美しい集落を、世界の人に知ってほしい。来てもらいたい。そのためにはこの土地に深く根ざした素晴らしいものを生み出し、仕事にすれば、夢の実現につながる」。そこで思い付いたのが、祖母がつくっていたパンだった。子どもの頃、粉を挽き、手で捏ねたパンづくりの手伝いが大好きだった。

パン製造者の資格を取得するためカルタニセッタの商工会議所を訪ねたが、担当者に「住民もいないサンタ・リタにパン屋を？　君が？」と笑われた。ともあれ販売資格を取得、その後は土曜、日曜なく、朝から晩まで働き詰め。取材当時、四〇歳を超えたところだった。

美食家がスピネッロのパンをわざわざ買いにくるのは、伝統的な手法でつくられるゆえに醸し出される素朴な味と香りにある。塩と水と粉を捏ねる。「それだけです」と彼は笑う。しかし、この粉に秘密がある。シチリア古来の穀物で、今では他で見ない品種である。軟質小麦粉のマイオルカ、地元産のデュラム小麦ルッセッロ、ティミリアなどを、祖母が使っていた石臼で挽いて混粉にする。酵母も祖母・母と受け継がれたものを使う。三代に引き継がれた天然酵母である。そうした伝統的製法によってつくられたパンは、サンタ・リタ以外の土地ではつくれない、逸品である。小麦は無農薬で育てる。収穫した小麦は石臼で挽いたまま精製しない。そのため、グルテンが壊されず、タンパク質を多く含み、消化が良い。

最近は、スピネッロの若い息子が父親の夢の実現を引き継ぎ、新たな挑戦を始めている。インターネットを通じて父親のパンの紹介をする一方、サンタ・リタを訪ねてパンづくりを体験する観光プログラムの斡旋も行っている。

消滅寸前まで住民が減ってしまった集落だった。一九七〇年代には、シチリアの多くの村と同じように学校が一校あった。教師が一人、学舎は馬小屋としても使われていた建物でそこに寝泊まりして、生徒と家畜の世話に精を出した。そんな貧しい集落だったが、最近はツーリストで賑わう。集落のシンボルである教会は、集落の坂の頂上に位置し、その裏にラ・ローミア家の宮殿が立っている。そこから集落を遠望し、少し汗をかいてスピネッロの店に戻り、パンとワインで空腹を満たす。

ITを駆使したミクロミュージアムで地域再生

「サンタ・リタ集落を広く知ってもらいたい」というスピネッロの夢は、ミクロミュージアム・プロジェクトを先導するパレルモ大学の若いデザイナーグループとの出会いで実現した。

太陽がいっぱいのシチリアの中部地域は、生物多様性に富み、古代小麦の品種が豊富である。このプロジェクトには、小麦にまつわるガストロノミックな側面、それにラ・ローミア男爵夫人に由来するサンタ・リタの歴史物語がタテ軸、ヨコ軸になっている。その座標軸上でスローツーリズムが開花した。それが、集落の活性化につながっている。

二〇一六年五月、ラ・ローミア爵位宮殿が見事に修復され、「小麦とパンの無形ミクロミュージアム」が開館した。光ITを駆使したミュージアムである。ラ・ローミア男爵夫人をインタラクティブなパネルで紹介する。小麦の栽培、品種改良、収穫のサイクルを体験型インスタレーション、オーディオビジュアル、アニメーション、ドキュメンタリーなどで学ぶことができる。若い世代のアイデアや最新技術が詰まった先進的な博物館である。訪れた人々は、パネルに「タッチ」するだけで、見事なインフォグラフィックスを見たり、工房でパンを焼く匂いを楽しんだりできる。農村の生活、伝統、文化、遺産を享受できるのである。このプロジェクトは、パレルモ大学のデザインスクールとADI（イタリアデザイン学校協会）、A・i a p（イタリアコミュニケーションデザイン協会）との学修プログラムから生まれたものである。

ミクロミュージアム・プロジェクトが立ち上がった同じ頃に、他にも文化遺産を再評価し、集落を盛り上げようという動きがあった。サンタ・リタ文化協会の女性グループである。彼女たちは、この小さな集落の文化遺産やガストロノミーを再評価し、スローツーリズムを実現したいと考えていた。ただ活動資金がなかった。あれこれ模索の末、パレルモ大学の若いデザイナーたちを巻き込むことを思いついた。そうして、ミクロミュージアム構想が具現化した。資金面では、EUの支援があった。

EUは、地域間格差を是正するために、開発の遅れているイタリア、スペイン、ギリシャなどの南ヨーロッパの特定地域に州単位で財政援助を行っている。まず州政府は、地域振興を課題に地域開発プログラム（European Rural Development Program）を策定する。それがEUに認められれば予算の一定額（大抵半分）が援助される仕組みである。支援期間は七年間で予算が組まれる。シチリアも対象地域となっている。その事業の一つがLEADERプログラムである。ミクロミュージアムのプロジェクトは、LEADERを担うLAG「Terre del Nisseno」が事業を採択し、予算化された。

ミクロミュージアムのプロジェクト代表サルバトーレ・ピトローラは、当時を振り返り、「私の夢は、子どもの頃の、ほとんど失われてしまった集落の暮らしの知識を地域社会に還元することだった」と話した。同LAGの代表者で建築家のジュゼッペ・イッポリートは、「小さな集落の経済と歴史文化を再生させた成功事例である。農村ツーリズムは、歴史的建造物と伝統文化の再評価が大きな役割を果たす」と述べている。

サンタ・リタの農村ツーリズムで接着剤になっているのは、スピネッロ。彼のパンは、シチリア中で販売されている。父親の馬小屋を改装して建てた一四〇平方センチメートルの大きな窯の中では、オリーブとアーモンドの木の薪だけを燃料としてパンを焼く。毎日夜明けに、スピネッロと若い仲間たちが、「ゼロキロメートル」（イタリアでの地産地消の取り組みのこと）のパンづくりをしている。一〇〇年前と同じ風景がそこにはある。

シチリアの保存すべき無形資産・穀物

Fa che il cibo sia la tua medicina e che la medicina il tuo cibo
（汝の食事を薬とし、汝の薬は食事とせよ）
Ippocrate di Cos（コスのヒポクラテス）

スピネッロが火付け役となり、若い世代の農家が力を合わせ、除草を必要としない無肥料の、古代穀物の栽培に回帰している。製粉所も石臼挽きに戻し、手触りは粗いが高品質の小麦粉を生産している。わざわざ手間暇かかる昔のやり方でつくるのは、それでしかつくり出せない味わいや風味があるからだ。それに人々は惹きつけられてやってくる。

パンとワインは、キリスト教徒にとって、「命の源」という意味がある。イエス・キリストが最後の晩餐で「パンは自らの肉体、葡萄酒は血」と説き、使徒に分け与えたとされる。キリスト教の聖餐式では、信者にパンとワインが配られる。第4章で紹介したヨーロッパ最古のパン窯は、貧しい暮らしでも人々はパンを食べ続けたので存続し得たのである。地域の人々が集い、賑わいの中心でもあった。

イタリアにはどのような小さな村にもバールがある。人々は、毎日バールで顔を合わせ、朝にはエスプレッソで甘いコルネット（イタリア版クロワッサン）をかじり、夕方には一杯のワインでパンをかじる。声を掛け合い、安否確認の場になっている。村の暮らしにパン店とバールは欠かせない。

移民少年たちをイタリア食農文化で包摂する

バルカ・ボランテ（Barca Volante＝飛ぶ船）としてSNSで有名になったランペドゥーサ島。海の透明度が高く、船が浮いているように見えることから、こう言われるようになった。イタリア最南端の島で、チュニジアとマルタ島の間に位置し、リゾート地として人気が高い。ところが、今はマイナスのイメージで有名になってしまった。二〇一三年一〇月、ソマリアやガーナからの難民を乗せた船がランペドゥーサ島沖で沈没し、五〇〇人以上が遭難し、三〇〇人以上が亡くなる痛ましい「ランペドゥーサの悲劇」が起きた。しかし、こうした船で押し寄せる難民たちが亡くなるという悲劇は今も繰り返され、政治問題として連日報道されており、その都度、この悲劇の記憶が思い起こされる。

イタリアでは、コロナ禍の収束後、移民難民が急増している。国連難民高等弁務官事務所（UNHCR）の統計によると、地中海を渡りイタリアをめざす密航者は二〇二三年に入って急増し、同年六月時点で前年の二・三倍、六万人に上った。遭難者も急増し、地中海での死者と行方不明者は年間二〇〇〇人に迫る。

多くは西アフリカ出身だが、中東やアジアからも流れ着く。親のいない子どもの姿も多い。こうした子どもは、本国でも教育を受けていない。また途中で人身売買され、過酷な境遇から逃れて命がけでやってくるケースも多い。無事にイタリアにたどり着いても、当然、身寄りはいない。施設に収容されるが、中々真っ当な職業に就けない。カポララート（ヤミの労働者斡旋業者）に日雇い農業を斡旋され、やがて犯罪に巻き込まれるケースも少なくない。

イタリアでは、大量に流入する移民、難民をいかに包摂するかが問題になっている。市民の間では、他のヨーロッパ諸国ほど差別や排除の意識は強くない。教会や多くの市民団体が社会的弱者として受け入れている。ただ、施設が着るものや食べ物を施すだけでは、彼らの自立の手助けにはならない。未成年で親もいない少年少女は、働き口を見つけて家を借り、食事を摂るという、生きるための基本を学ぶ必要がある。これまでは、こうした移民、難民の問題は福祉施設の役割だったが、昨今は、興味深い新しい取り組みが始まっている。移民、難民の子どもが、農業や調理、配膳サービスまで学ぶ、食農分野に特化した職業訓練プログラムである。

このプロジェクト（Youth & Food）は、国際スローフード協会が主催している。協会がこれまでに蓄積してきた食と農に関する情報やネットワーク、教育施設をフルに活用し、社会的包摂を食を通じて進めるところに特徴がある。移民の子を、地域農業、伝統食の活性化の担い手に育てるプロジェクトである。彼らの社会的包括も促進される。

このプロジェクトに出資しているのは、コン・イル・スッド（Con il Sud＝南とともに）財団である。二〇〇六年に銀行系財団とサードセクター全国フォーラム、それに政府が出資して創設された。この財団の運用を任されたのが、同年に設立された社会的企業コン・イ・バンビーニ（Con i Bambini＝子どもとともに）である。

国際スローフード協会のプロジェクト「Youth & Food」は、そのうちの一件である。総額三億八〇〇〇万ユーロが投資され、五〇万人の子どもと若者、家族がその恩恵を受けた。このプロジェクトアイデアを着想し、事業申請したのは、国際スローフード協会で移民コーディネーターを務めるアブラヒム・アメジューである。彼自身がモロッコからの移民で、スローフード運動の拠点になっているまち、ブラで育った。スローフード大学で食農について学んだ後、国際スローフード協会で働き始めた。今はトリノ市の評議会委員や、ヨーロッパでも有数の学術・社会活動支援財団のサンパオロ財団ピオ事務局の評議委員も務めている。イタリアの社会活動団体は、コーディネーターやプロジェクトマネージャーが、EUや国、州政府の公的資金、財団などの支援資金を獲得し、プロジェクトを運営する。申請の際には、大学や研究所などと連携することが求められる。

「Youth & Food」に参加したのは一七〜二一歳の六〇人の親のいない子ども。プロジェクトはスローフード協会本部があるピエモンテとシチリアのアグリジェントの二ヵ所で実施された。就職を保証するのが最終目的である。そのため若者の適性に応じてプログラムが用意された。グルメコーディネーター養成の特別訓練、食品加工会社での見習い訓練などである。生活の自主性を育むために、不動産業者や地域活動家とネットワークを構築し、住まい探しから独り暮らしの経験まで支援する。また、社会にうまく適応できるように、居住マナーも教える。プログラム内容は多様だが、実際には周辺農家や地元のレストランシェフが実地訓練を担当する。

コン・イ・バンビーニのプログラム参加者の一人、アラサーニを紹介しよう。

アラサーニはアフリカのベナン生まれの一九歳。農業で起業するのが夢だった。ベナンからニジェールに渡り、さらにアルジェリアに向かったが、危険と思いリビアに行った。しかし、リビアでは内戦が続き、安全な地はなく、友人に勧められてイタリアをめざした。はしけ船に乗り込み、八八人の仲間とともに渡海。食料も水もなく、二日間漂流した。幸い、ランペドゥーサ海岸に漂着。アグリジェントに到着後、このプロジェクトの担い手の一つアル・カルブ社会協同組合の活動に参加することができた。ここまでたどり着く前に、亡くなっていても不思議ではない。二〇歳前にしてすでに想像し難い経験をしているのだ。

彼は養蜂コースに参加した。「養蜂は好きだし、母国でもやったことがある。その経験を活かせる」。イタリア語をマスターし、将来は養蜂で起業をめざす。

スロー・フード・イタリア代表のバーバラ・ナッピーニは、次のように話している。「私たちの社会活動では、食農が対話のための強力なツールになると信じている。食農を通じて人間同士の歓迎と連帯の価値を促進する。イタリアに漂着した子どもたちに尊厳を与える機会になる」。

アグリジェント・プロジェクトのパートナー、アル・カルブ社会協同組合、スローフード協会の穀物生産者団体スロー・グレインズ・ネットワーク、スロー・フード・シチリアが全面的に協力し、移民、難民の子どもの職業訓練に当たる。パンやパスタ用の小麦粉の加工業者、在来品種の種子を保存し持続可能な生産に努める農家、養蜂蜜作を通じて生物多様性を維持しようとする養蜂家――この取り組みでは、そうした人々の間にパートナーシップが育まれ、子どもたちが独り立ちし、社会に包摂されていくのを支援している。食農が、人と人、土地と人、歴史と人の結び直しを可能にする。

おわりに——日本は何を学ぶべきか

農業・農村に求められるソーシャル・イノベーション

イタリア料理の魅力は、バラエティに富む新鮮な食材にある。それぞれの食材には、土地と結びついた物語がある。それは、イタリア人がその食を大切に思い、守ってきたからである。地域に根ざした食材を愛で、料理をする。そして家族や仲間と料理を楽しむ。そこに、暮らしの豊かさや生きている喜びを見出している。

しかし、こうした暮らし方が、今はだんだん難しくなっている。効率とスピード重視の社会では、食材を吟味し、下処理して調理するのに時間を費やすことは少なくなった。外食、中食、あるいは冷凍食品など、とりあえず便利なもので手軽に食事をすませるようになった。裕福でない人は、ハンバーガーやスナック菓子でお腹を満たす。こうした日常の食生活の変化が、農業・農村問題を引き起こしている。

今、世界は二〇億人が栄養失調状態にある。その一方で、一九億人が肥満状態である。欧米では、子どもの肥満とそれに伴う糖尿病の増加が社会問題となっている。裕福な家庭の子どもが肥満になるのではない。安価なジャンクフードしか口にすることができない貧困家庭の子どもが肥満になる。一方で、食料の三分の一は廃棄されている。

マルサスの命題「人口は、制限されなければ、等比数列的に増大する。生活資料は、等差数列的にしか増大しない……人口が増え続ければ、人口の大半を占める下層諸階級について、食糧不足、困難な労働及び不健康な住居のために、かれらがうけている困窮は、人口増加初期の積極的制限として作用している」(永井義雄訳『人口論』中公文庫)。ゆえに人口は減少に向かうという事態は、かつて解決されたかに見えた。近代農業の発達によって、人類の食料確保は達成されたかに見えたのだ。しかし、今、地球温暖化に伴って増大する自然災害、鳥インフルエンザや豚熱といった家畜感染症、新型コロナウイルスのパンデミックなどにより、食の安全保障が揺らいでいる。できるだけ生産高を上げようと化学肥料や農薬を大量投与し、酷使された農地は砂漠化し、生産高はかえって減少している。アメリカ、中国といった農業大国で顕著になってきている。そして新興国の人口増大と経済成長に伴って、人々は豊かになり、食料消費、特に食肉消費は増大する。それは、家畜の飼料となる穀物類の大消費につながり、食料危機をもたらすことは明らかである。つまり、マルサスの命題は、いまだに解決されていないということだ。

食料不足に対して世界は、遺伝子組み換え技術やゲノム編集、スマート農業といった技術イノベーションによって課題解決する方向に動いている。しかし、大量生産、大量消費、大量廃棄のフードシステムを根本的に変革しなければ、人類を支える食の確保は難しい。生態系も破壊される。そして農村コミュニティの崩壊につながる。

今、我々は、「プラネタリーバウンダリー」という、これまで経験したことのない領域にさしかかっている。プラネタリーバウンダリーとは、地球の健康の限界点のことである。限界点を超えると、気候変動などで地球の機能の制御が効かなくなり、人類が存続できない状況に急変する。スウェーデンのストックホルム・レジリエンス・センターが定量化し、気候変動、生物圏の一体性、生物地球化学的一貫性など九項目の限界値を示している（図表4）。その中で、今すでに限界点に最も近づいている項目は、一般的に危惧されている気候変動ではなく、絶滅の速度（すなわち生物多様性の消滅速度）や窒素・リン循環という、農薬・化学肥料の大量使用、つまり農業に関連する項目だ。つまり、食料や衣服の大量生産、大量消費、大量廃棄という生産システムが原因となっているのである。

図表4　プラネタリーバウンダリーの考え方で表現された現在の地球の状況

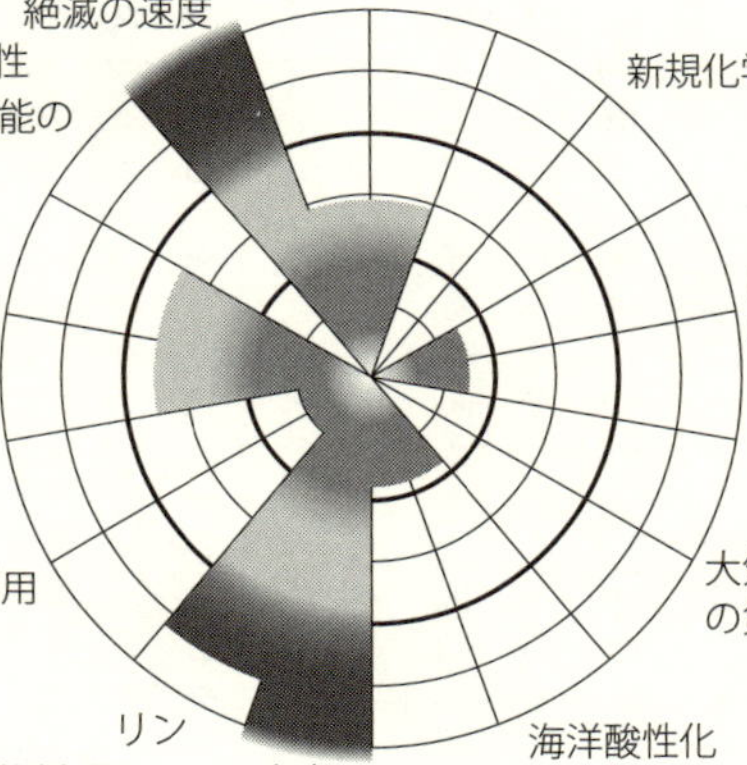

出所：環境省『平成29年版　環境白書』

また、世界の農業の九〇％以上は、家族農業であり小規模農業である。しかし、工業型農業によるグローバルフード・サプライチェーンの支配下に組み込まれ、そのほとんどが貧困状況にある。国連は、SDGs宣言に続けて「小農の権利宣言」を行っている。それは、「これまで生態系循環が守られ、生物多様性が維持されてきたのは小農のお陰である。その小農を守ることが持続可能なフードシステム実現のカギを握る」という認識に基づいている。そのためには、誰しもが農業や農村とのつながりを持ち、人と農の分断された関係性を再構築していくことが欠かせない。そうしたパラダイムシフトが求められているのである。そのために求められるのが食農をめぐるソーシャル・イノベーションの醸成である。

ソーシャル・イノベーションとは

ソーシャル・イノベーションとは何か。直訳すれば、「社会革新」である。Innovate の nova はラテン語で「新しい」、in は「内側に」という意味である。つまり、「内から新しくする」という意味になる。「イノベーション」の概念を提唱したのは、経済学者のヨゼフ・シュンペーターである。彼はイノベーションを「社会にこれまでになかった新たなサービスを提供し社会的発展を促進すること」と定義し、新たなサービスや価値を創造する起業家精神の重要性を指摘した。その前提には、「より良い社会の実現のために」があった。

ソーシャル・イノベーションとは、これまで誰もが見過ごしていたものに価値を見出したり、考えもつかなかったような新しいアイデアを生み出したりして、それを具現化することによって、社会を変えていく、ということである。幅広い概念であるから、何もない小さな村で、誰もやっていないようなパンづくりをしたことから、地域に人が訪れるようになり、その地域の人々が誇りと活気を取り戻し、地域全体が元気になっていくこともその一つと言える。また、ベーシックインカムの導入など、社会システムそのものを変えることも含む。

ただ、指摘しておきたいことは、社会に新たな価値創造をもたらし、社会システムそのものを変えるようなソーシャル・イノベーションであっても、その起点を探ると、個人の思いや願いであるということだ。「個人、あるいは小さなコミュニティの生きづらさや満たされないニーズをどうにかしたい」という、日々のささやかな思いから出発しているということである。すなわち、ローカルに根ざした人々の意思や行動がなければ、ソーシャル・イノベーションは起こらない。イタリアの食農をめぐる歴史を学ぶと、日常に発するソーシャル・イノベーションを繰り返して、農業農村の「かたち」、そして食文化が革新、持続され、今に至っていることがわかる。

イタリアの伝統的食は古代文明にまで遡り、地理的・文化的・歴史的なつながりの中で語られることが多い。しかし、今に残るそうした物語は、昔から自ずと伝承されてきたのではない。産業革命以降、農業の近代化や工業化、そして戦争など農村社会が危機に直面した際に、その時代を生きた聡明な人々が、伝統食を農村の再生と振興の武器として改めて掘り起こし、新たな価値を付加し、今に受け継がれているのである。

ＥＵのボトムアップ型食農政策——補助から革新の支援へ

昨今、日本でもソーシャル・イノベーションという言葉をよく聞くようになった。欧米では、ソーシャル・イノベーションが議論され始めて三〇年以上が経つ。ＥＵでは、「Europe 2020」（ＥＵが策定した二〇二〇年までの成長戦略）でソーシャル・イノベーションを政策の柱に掲げている。ヨーロッパにこの概念を普及させ、ソーシャル・イノベーションをめざす社会的起業家の育成やソーシャル・イノベーターを支える人材ネットワークや投資ファンドを設立するなど、ソーシャル・イノベーションを醸成するエコシステムを構築するために、大学、企業、自治体などに多数のプラットフォームをつくっている。国際スローフード協会やＭＵＦＰＰ（ミラノ都市食料政策協定）など既存の国際ネットワークと戦略的に連携し、政策策定や意思決定に民間団体の声を反映させている。ＥＵが掲げる目標達成のための実働部隊として、民間の力を借りる意図もある。

ヨーロッパ諸国の農業農村政策は、ＣＡＰ（欧州共通農業政策）によって方向が定められている。強制力はないが、地方政府は、その方針に従っている。各州政府は、ＥＵ基金から全体予算の半分の補助を受けており、補助を受けるためには、ＥＵが提示する枠組みに則る必要があるのだ。

また、EUの地域開発政策では、加盟国均等に予算が配分されるのではなく、あらかじめ課題ごとに重点的に支援する地域を指定し、そこに資金を投じる。例えばイタリアの場合、地域開発のための補助金は、開発の遅れている南部に集中している。また、LEADERプログラムのように、成果を上げて評価されている政策については、CAPの補助を受ける場合、必ず予算の一部をその事業に充てなければならない。その割合も何%以上と定められている。

LEADERプログラムが農業農村開発で評価されている理由は、地域住民自らが知恵を出し活動を起こすボトムアップの取り組みを促進しているからである。グローバルな問題は、地域によって違った課題として現れる。その解決のためには、それぞれの地域の事情を踏まえた政策でなければならない。当事者である地域の人々が知恵を出し合い、それぞれが解決策を見出す必要がある。そこに、新たな解決方法や創造的なサービスが生み出される可能性がある。と同時に、そうした成果は地域に留めておくのではなく、地域間で経験を共有することで、他地域に波及し、さらに、新たな方法論の創造が期待されている。EUは、こうした効果を狙って、さまざまなグループをヨコにつなげるネットワークの構築とセクターの垣根を取っ払ったマルチセクター・ネットワークの形成を推し進めている。

ただ、一方で、都市と農村、あるいは消費者と生産者の溝が深いのも事実である。CAPは、基本的には生産者を守る立場である。CAPが消費者の批判を浴びてきたのは、国家予算の多くを、農業生産の基盤形成や価格維持のための所得保障に割いてきたためである。しかし、余裕のある農業者はごく限られ、補助制度があってギリギリ営農を継続できているというのが現実である。

二〇二四年二月、ヨーロッパ各国では、農業者団体による大規模なデモが勃発した。トラクターで道を封鎖し、関係省庁を取り囲むなどの過激な行動に出ている。欧州グリーンディール[1]の策定以降、生産者を締め付けるEUの農業政策への不満が爆発したかたちである。気候変動対策によって生産者は、環境に負荷をかけない有機農業への移行や、粗放農業への転換、アニマルウェルフェア（動物福祉）への対応を迫られ、減収のリスクを負わされている。同時に、資材コストの高騰、干ばつや原因不明の病害虫の拡大、さらには補助制度の改定による補助額の削減などに直面し、窮地に立たされている。消費者は、こうした生産者側の事情を必ずしも理解していない。

そこに、生産者と消費者の対立が生まれる。こうした対立は、これまでも度々起こってきた。しかし、こうした対立があることは、次の解決の糸口を探るきっかけにもなる。

イタリアから日本が学べること

最初に触れたように、日本とイタリアには類似性がある。その中で、両国に恵まれた食農の多様性が、経済社会の革新に寄与する要件になることを紹介してきた。イタリアでは、景観保護や伝統食をブランディングすることによってその多様性を維持している。また、環境問題や社会情勢の変化、経済不況などによる危機が、新たな価値を生み出すソーシャル・イノベーションの契機となってきた。そうした運動が起こる起点には、「どうしても残したい家族の記憶」「昔から村の人々の間に伝わるかけがえのない思い出」など、必ず個人、あるいは地域につながる思いがあった。

シチリアの限界集落でパン職人となったマウリツィオ・スピネッロの場合は、おばあちゃんの焼いていたパンの味が忘れられなかった(第5章)。その再現への思いは、農地を復活させ、地域に若者を呼び寄せた。パン店の復活はこの地域をこよなく愛する人々を刺激した。そして、スローツーリズムとして名もなき村に人が訪れるようになった。

プーリアでは、「若者に、農業で地域を守ることの大切さに気づいてもらいたい」と考えていた司祭ドン・ミケーレ・デ・パオリスが、ジュゼッペ・サビーノに農業の新たな価値を生み出すきっかけを与えた（第4章）。それが「ヴァザップ」というルーラルハブを生み出すこととなった。そして彼らの訴えが農林大臣にも届き、苦境に立たされていたトマト農家の支援策が検討されることとなった。

個人の願いに共感する人々がつながることによって、新しい組織や活動的なネットワークが形成される。そうした組織やネットワークは、中央政府やEUに働きかけ、新制度の創設や制度改革につながった。イタリアには、何か不公平なことや満たされないニーズが起きている時、それを正すという信念に共感する人々が現れ、仲間をつくり、ローカルレベルからボトムアップで社会を変える運動に発展する、ということがしばしば起きている。スローフード協会の創設者、カルロ・ペトリーニは、大好きなジャンボピーマンのオーブン焼き「ペペロナータ」（カラー口絵参照）を地元レストランで食べた時、水っぽく味気のないものになっていたことに驚き、イタリアの食農の将来に大きな危機感を抱いた。食の工業化によって食材の味もかたちも均等化されていく。

問題は、単に美味しいものが食べられなくなる、ということだけではない。大規模生産された農産品が地域食材の代替品として輸入され、地元農家は立ち行かなくなる。地域農業は衰退し、農地は荒れ、地域の魅力がなくなる。それはやがてイタリアの国自体が衰退していくことになる。そうした危機意識がスローフード運動につながった。

スローフード協会は、ＥＵの食料産業戦略 Farm to Fork（農場から食卓まで）[1] などＥＵの食農政策形成において欠かせないステークホルダーになっている。

そうした厳しく公正を追求する運動には、時として暴力的なもの、威圧、暗さが伴いがちだが、イタリアでは逆に、ユーモアや美しさが感じられる。運動に、思いやりやホスピタリティがある。そうした明るさはどこからくるのだろうか。

イタリア農業の状況は、日本と同様、明るくはない。移民労働の増加や気候変動によるリスクが増加している。農家の所得は低い。しかし、その中でも面白いことを見つけて、損得勘定に揺れず、やってみたいという気持ちから突き進む頼もしさがある。もちろん、失敗する場合も少なくはない。そうした挑戦ができるのは、やはり農を背景で支える豊かな食文化があるからである。

もう一つは、異文化に対して寛容であり、むしろ異質なものに対して価値を見出し、包摂していく逞しさがあるからだろう。第1章で述べたように、古代からギリシャ人、エトルリア人、ローマ人、アラブ人、とさまざまな人種や文化の交流があり、日常に異教徒が存在するのが当たり前であった。筆者の滞在経験からだが、人種的差別意識が他のヨーロッパ諸国より低く、自分たちとは違う価値観を許容し、うまく活用するしなやかさがある。逆に言えば、そうした能力が備わっているのは、常に周りの国々から支配される脅威に晒され、生きていくために必須だったからとも捉えられる。

日本にも深い食文化はある。和食は世界無形文化遺産に登録され、世界から称賛されている。今、世界中から観光客が押し寄せるのは、その丁寧さ、美しさ、味わいの深さが他の国にはないからである。ただ、イタリアと日本の違いは、食文化の価値をどれだけの日本人が語れるかにあるように思う。そして、どれだけその価値を他者と分かち合い、楽しめるかにある。イタリア人は雄弁で、食を楽しむことにおいて卓越している。食の魅力の背景にある歴史や地理的な特徴を知っているからである。

ただイタリアでも、昨今の忙しいライフスタイルのせいで、家庭で料理に費やす時間は減っている。家庭料理を通じての食文化の伝承が難しくなっている。それならば、別のかたちで食育が必要となる。日本では、食育の一環として学校給食に郷土料理や地元伝統野菜を使う取り組みが増えている。もっと増えてほしいと思うが、同時に、単にメニューに出るだけではなく、社会や理科の中で食材の原産地や由来を調べ、エディブル・スクールヤード(2)のように実際に野菜を育ててみるなど、知識と実体験が伴う食農教育の推進を期待したい。

イタリアには古代から伝わる食文化があり、食農の伝統を重んじる。しかし、それだけでは食文化の豊かさ、魅力は生まれない。伝統と格式は、憧れの対象になるが、一方で、多くの新しい考え方や様式を排除することもある。イタリアでも、伝統の壁にぶつかって、素晴らしいアイデアや新しい技術が評価されずに排除されてきた例はいくらでもある。伝統はつくられるものである。最初は、誰もその新しい価値がわからない産物だったかもしれない。そういう意味では、絶えず伝統を壊す創造的なものが生まれ、伝統と対立することによって、また改めて新たな価値が生まれ、それが豊かな食文化をつくる。

最近、ナチュラルワインという、新たなカテゴリーのワインが急速に発展している。ナチュラルワインとは、昔ながらの方法で葡萄を育て、手摘みで収穫し、保存料のようなものは使わず、場合によっては機械を使わず足で踏みつぶして自然発酵させるワインである。極力人工的なものを使わず、葡萄本来の力を最大限発揮させるワインづくりである。起業した若手ワイン醸造家にこのワインのつくり手が多い。オーガニックのブームにも乗ってファンも増えている。しかし、格式の高いワインの生産者や、ワイン通と言われる人の中には批判する者も少なくない。両者の議論や対話が、ワイン文化をさらに発展させていく。伝統と新参の対立、そして次へのステージへ——ナチュラルワインブームは、その事例である。フランスでは、すでにナチュラルワインについて、ヴァン・ナチュール（自然派ワイン）のための認定基準が策定された。今後、ワインの伝統的な格付けの制度そのものを変革していく要素になるかもしれない。一過性のブームで終わるのではなく、人間が食を享受しながら、自然と共生する社会を実現していく上で、ソーシャル・イノベーションの一端を担うかもしれない。

制度に関して言えば、伝統的農産品の保護や伝承、生産者の所得向上に寄与してきた地理的表示保護制度も、気候変動により、伝統に則った生産・加工が難しくなり、認定基準を満たすことが困難となっている。つまり、生産者にとって認定制度が逆に足枷《あしかせ》となりつつあり、制度の意義そのものが議論され始めた。このことは、私たちが価値を置いてきた伝統とは何なのか、食文化のあり方はどうあるべきか、私たちに問いかける事態となっている。気候変動というグローバル課題は、これからの人と食と農のありようを決めるキーワードであろう。

本書ではイタリアの食文化を南北1200キロにわたり縦断して見てきた。そして、地域の食文化をつくってきたそれぞれのエピソードに、自然と人、人と人、人と社会のより良きあり方を模索する人間の叡智を見出すことができたのではないだろうか。翻って今私たちが晒されている状況を考えるに、今後、人を幸せにする食文化を築き未来に残していくために、私たちは何ができるか、自分事として考える時が来ているように思う。

(1) 欧州グリーンディールは、二〇一九年に、EUが二〇五〇年までにEU圏でカーボンニュートラルを達成するために策定した戦略。脱炭素やエネルギー効率の向上を強化しながら雇用拡大と経済成長を実現するための戦略を、分野ごとに策定している。農業分野では、Farm to Fork という戦略が掲げられている。持続可能なフードシステムへの移行(transition)を実現するために、有機農業や健全な家畜飼育(アニマルウェルフェア)の推進、生産者への経済的な公平な見返りの実現、持続可能な食品消費の推進などが盛り込まれている。

(2) ともに食物を育て、ともに調理し、ともに食べるという活動を通じて、いのちの尊さや自然とのつながりを学ぶ、「エディブル・エデュケーション」を実践する場所(校庭など)を意味する。一九九五年カリフォルニアの公立中学校に、オーガニック・レストラン「シェ・パニーズ」を作ったアリス・ウォータースが創設した。その背景には、九〇年代の学校は荒廃しており、人種差別、いじめ、貧困から健康的食事が摂れない子どもたちの肥満や糖尿病などの問題があった。ウォータースは、その根底には、食事環境の悪化があると考え、元来家庭で行われるものであった食の教育を学校に取り入れることを提唱した。今は、エディブル・スクールヤードを実践する国際ネットワークが形成され、日本でも推進団体や自治体でも食育事業の一環として取り組んでいる。

十三世紀後半の地中海世界の歴史』太陽出版、2002年
Con I Bambini ホームページ　https://www.conibambini.org/chi-siamo/
Euro News, "Migranti: progetto Slow Food per minori non accompagnati" https://it.euronews.com/2023/09/29/migranti-progetto-slow-food-per-minori-non-accompagnati
Gianni Augello, 'Aree interne e immigrati. "Una risorsa per i territori, soprattutto dopo la pandemia"', Redattore Sociale, 2021　https://www.redattoresociale.it/article/notiziario/aree_interne_e_immigrati_una_risorsa_per_i_territori_soprattutto_dopo_la_pandemia_
Percorsi con i Bambini, Youth and Food: Il cibo veicolo di Inculsione Piemonte (Torino) e Sicilia (Agrigento)　https://percorsiconibambini.it/youthandfood/regione/piemonte/
Popolazione straniera nelle aree interne: argine allo spopolamento e risorsa per territori fragili, Forum Disuguaglianza Diversa　https://www.forumdisuguaglianzediversita.org/popolazione-straniera-nelle-aree-interne-argine-allo-spopolamento-risorsa-territori-fragili/
Sicilia Bella, "I borgo Santa Rita: Ricco patrimonio da preservare"　https://www.siciliabella.eu/borgo-santa-rita.html
"Youth & Food – food as a vehicle for inclusion"　https://www.youtube.com/watch?v=cbblU3OcJW0

おわりに

石坂匡身他『人新世の地球環境と農業』農山漁村文化協会、2020年
ウェストリー，フランシス他、東出顕子訳『誰が世界を変えるのか――ソーシャルイノベーションはここから始まる』英治出版、2008年
ドラッカー，P. F.、上田惇生訳『イノベーションと企業家精神』ダイヤモンド社、2007
マルガン，ジェフ、青尾謙訳『ソーシャル・イノベーション――「社会を変える」力を見つけるには』ミネルヴァ書房、2022年
Baglioni, Simone & Sinclair, Stephen, *Social Innovation and Social Policy*, Policy Press, 2018
European Network for Rural Development – Leader/CLLD　https://ec.europa.eu/enrd/leader-clld_en.html
Gandhi, Mohandas K., *An Autobiography: The Story of My Experiments with Truth*, Beacon Press, 1993
Murray, R. *et al.*, *The Open Book for Social Innovation*, Young Foundation, 2010

する覚書き（1）」『中央学院大学論叢』1977年6月
堺憲一『近代イタリア農業の史的展開』名古屋大学出版会、1988年
Barbera, Giuseppe, “Parchi, frutteti, giardini e orti nella Conca d’oro di Palermo araba e Normanna”, Review n. 6 – Italus Hortus 14 (4), 2007
Bixio, Antonio, *et al.*, “From ruin to hinge of urban renewal: the restoration of the church of St. Demetrius in Ceglie Messapica (BR)”, 2015
Fondazione ISMU, “Sbarchi e accoglienza di migranti in Italia negli anni 1997-2022”, 2023　https://www.ismu.org/wp-content/uploads/2023/03/Report-sbarchiI-e-accoglienza-1997-2022.pdf
“Olio Puglies una Tradizione Piena Di Storia E Passione”, 2020　https://www.forestaforte.com/olio-pugliese-una-tradizione-piena-di-storia-e-passione/
Peppe Zullo ホームページ　https://www.peppezullo.it/about/
Segmento ホームページ　https://www.segmento.com.au/post/human-capital-and-economic-development-in-sicily
Primavera, Milena, “Introduzione di nuove piante e innovazioni agronomiche nella Sicilia medievale: il contributo dell’archeobotanica alla rivoluzione agricola araba di Andrew Watson”, 2018
Santis, Pierluigi, *De Diario di Viaggio: Sulle strade del pane pugliese e lucano*, Quorum Edizioni, 2018

第5章

カーランスキー，マーク、山本光伸訳『塩の世界史――歴史を動かした小さな粒』（上・下）中公文庫、2014年
小森谷慶子『シチリア歴史紀行』白水Uブックス、2009年
島村菜津『シチリアの奇跡――マフィアからエシカルへ』新潮新書、2022年
竹山博英『シチリア 神々とマフィアの島』朝日選書、1985年
富岡儀八『塩の道を探る』岩波新書、1983年
ビュイトナー，ダン、荒川雅志訳・監修、仙名紀訳『ブルーゾーン――世界の100歳人に学ぶ健康と長寿9つのルール』祥伝社、2022年
藤澤房俊『地中海の十字路＝シチリアの歴史』講談社選書メチエ、2019年
マライーニ，ダーチャ、望月紀子訳『シチーリアの雅歌』晶文社、1993年
ランシマン，スティーブン、榊原勝、藤澤房俊訳『シチリアの晩禱――

Razza, oltre che di origine." https://www.aziendaagricolascaglia.it/carne-fassone-di-razza-piemontese/
La Cucina Italiana https://www.lacucinaitaliana.com/glossary/fassona-piemontese?refresh_ce=
Nieddu, Gian Basilio, "Il ritorno di Fico a ingresso libero", 2023 https://www.myfruit.it/NEWS/il-ritorno-di-fico-a-ingresso-libero19865-2023-07-07
O. I. V. (Organizzazione Internazionale della Vigna e del Vino) ホームページ
Tonelli, Massimiliano, "Fico Eataly World a Bologna. Cos'è, com'è nato, come funziona, cosa ci piace e cosa no", 2017 https://www.gamberorosso.it/notizie/articoli-food/fico-eataly-world-a-bologna-cos-e-com-e-nato-come-funziona-cosa-ci-piace-e-cosa-no-2/

第3章

島村菜津『スローシティ――世界の均質化と闘うイタリアの小さな町』光文社新書、2013年
山内一久、仙北富志和「イタリア有機農業の動向」『酪農学園大学紀要 人文・社会学編』2009年4月
Accademia Macelleria Italiana Chianina, "scopriamo la carne della razza Chianina" https://accademiamacelleriaitaliana.it/la-chianina-storia-e-caratteristiche/
La Mia Terra di Siena, "La Razza Chianina" http://www.lamiaterradisiena.it/La%20Chianina/lachianina.htm
Marchi, Ezio & Mascheroni, Ettore, *Zootecnia speciale*, UTET, 1925
World Farmers Markets Coalition ホームページ https://www.worldfarmersmarketscoalition.org

第4章

岩木秀樹「イスラームの特徴と初期イスラームの歴史」『ソシオロジカ』2016年3月
大石尚子「食と農をめぐるソーシャル・イノベーションの展開――イタリア南部の農業・農村政策を中心に」今里滋編『ソーシャル・イノベーションの理論と実践』明石書店、2022年
大石尚子「イタリア農村のソーシャル・イノベーションモデルの日本における有効性の検証――亀岡市での社会実験を通じて」『龍谷大学社会科学研究年報』2023年10月
河野穣「イタリアの労働組合運動における農業労働者の組織と運動に関

参考文献一覧

はじめに

ペトリーニ，カルロ、石田雅芳訳『スローフードの奇跡――おいしい、きれい、ただしい』三修社、2009年

Rohmer, Bradford, *et al., Evaluation of the EU Participation in World Expo Milano 2015 Final Report*, EUROPEAN COMMISSION Directorate-General Joint Research Centre Task Force "Expo 2015"

第1章

今里滋「ソーシャル・イノベーションの理論と実践」今川晃編『地域の自立は本当に可能か』学芸出版社、2014年

大石尚子「「地理的表示保護制度」から生まれる人と食文化のネットワーク」『世界』2014年4月号

大石尚子「農村における創造的暮らし――ひとと地域を育む「ものづくりコミュニティ」」大森彌、小田切徳美、藤山浩編著『世界の田園回帰――11ヵ国の動向と日本の展望』（series田園回帰8）農山漁村文化協会、2017年

大石尚子編著『食と農のソーシャル・イノベーション――持続可能な地域社会構築をめざして』藤原書店、2024年

北原敦編『イタリア史』（新版世界各国史15）山川出版社、2008年

ISMEA ホームページ　https://www.ismea.it/istituto-di-servizi-per-il-mercato-agricolo-alimentare

第2章

片岡泰彦「メディチ家の会計組織に関する一考察」『経済研究』2020年3月号

ゲーテ、鈴木芳子訳『イタリア紀行』（上・下）光文社古典新訳文庫、2021年

Baglioni, Simone & Sinclair, Stephen, *Social Innovation and Social Policy: Theory, Policy and Practice,* Policy Press, 2018

Garuti, Matteo, "Fico a Bologna: L'intervista ad Andrea Segrè, ideatore del progetto", 2017　https://www.ilgiornaledelcibo.it/fico-bologna-apertura/

La Azienda Agricola Scaglia, "Il Segreto della Tenerezza. Piemontese di

本書は書下ろしです（第4章「ラティフォンド解体の余波」は、「食と農をめぐるソーシャル・イノベーションの展開――イタリア南部の農業・農村政策を中心に」を加除修正のうえ転載）

また、本文中に掲載した写真は、著者が撮影したものです。

大石尚子（おおいし・なおこ）

1973年生まれ．兵庫県出身．95年大阪外国語大学イタリア語学科卒業．アパレル商社勤務，在ミラノでのファッションコンサルタント助手などを経て，2007年同志社大大学院総合政策科学研究科ソーシャル・イノベーション研究コースに入学，11年同博士課程修了．10年より龍谷大学地域公共人材・政策開発リサーチセンター（LORC）にて活動．15年より龍谷大学政策学部准教授．23年より同教授．18年5月～19年3月イタリア・プーリア州にて在外研究．

編著『食と農のソーシャル・イノベーション』（藤原書店、2024年）

共著『トリノの奇跡』（藤原書店，2017年）
『ソーシャル・イノベーションの理論と実践』（明石書店，2022年）ほか．

イタリア食紀行《しょくきこう》
中公新書 *2853*

2025年4月25日発行

著　者　大石尚子
発行者　安部順一

本文印刷　暁　印　刷
カバー印刷　大熊整美堂
製　　本　フォーネット社

発行所　中央公論新社
〒100-8152
東京都千代田区大手町1-7-1
電話　販売　03-5299-1730
　　　編集　03-5299-1830
URL　https://www.chuko.co.jp/

Published by CHUOKORON-SHINSHA, INC.
Printed in Japan　ISBN978-4-12-102853-2 C1236

中公新書刊行のことば

いまからちょうど五世紀まえ、グーテンベルクが近代印刷術を発明したとき、書物の大量生産は潜在的可能性を獲得し、いまからちょうど一世紀まえ、世界のおもな文明国で義務教育制度が採用されたとき、書物の大量需要の潜在性が形成された。この二つの潜在性がはげしく現実化したのが現代である。

いまや、書物によって視野を拡大し、変りゆく世界に豊かに対応しようとする強い要求を私たちは抑えることができない。この要求にこたえる義務を、今日の書物は背負っている。だが、その義務は、たんに専門的知識の通俗化をはかることによって果たされるものでもなく、通俗的好奇心にうったえて、いたずらに発行部数の巨大さを誇ることによって果たされるものでもない。現代を真摯に生きようとする読者に、真に知るに価いする知識だけを選びだして提供すること、これが中公新書の最大の目標である。

私たちは、知識として錯覚しているものによってしばしば動かされ、裏切られる。私たちは、作為によってあたえられた知識のうえに生きることがあまりに多く、ゆるぎない事実を通して思索することがあまりにすくない。中公新書が、その一貫した特色として自らに課すものは、この事実のみの持つ無条件の説得力を発揮させることである。現代にあらたな意味を投げかけるべく待機している過去の歴史的事実もまた、中公新書によって数多く発掘されるであろう。

中公新書は、現代を自らの眼で見つめようとする、逞しい知的な読者の活力となることを欲している。

一九六二年一一月

中公新書

世界史

中公新書

地域・文化・紀行

t1

中公新書

地域・文化・紀行

t2

- 560 文化人類学入門（増補改訂版） 祖父江孝男
- 2315 南方熊楠《みなかたくまぐす》 唐澤太輔
- 2367 食の人類史 佐藤洋一郎
- 92 肉食の思想 鯖田豊之
- 2129 カラー版 地図と愉しむ東京歴史散歩 竹内正浩
- 2170 カラー版 地図と愉しむ東京歴史散歩 都心の謎篇 竹内正浩
- 2227 カラー版 地図と愉しむ東京歴史散歩 地形篇 竹内正浩
- 2327 カラー版 イースター島を行く 野村哲也
- 1869 カラー版 将棋駒の世界 増山雅人
- 2117 物語 食の文化 北岡正三郎
- 596 茶の世界史（改版） 角山栄
- 1930 ジャガイモの世界史 伊藤章治
- 2088 チョコレートの世界史 武田尚子
- 2361 トウガラシの世界史 山本紀夫
- 2229 真珠の世界史 山田篤美

- 1095 コーヒーが廻り世界史が廻る 臼井隆一郎
- 1974 毒と薬の世界史 船山信次
- 2391 競馬の世界史 本村凌二
- 2755 モンスーンの世界 安成哲三
- 650 風景学入門 中村良夫

イタリア食紀行
中公新書2853